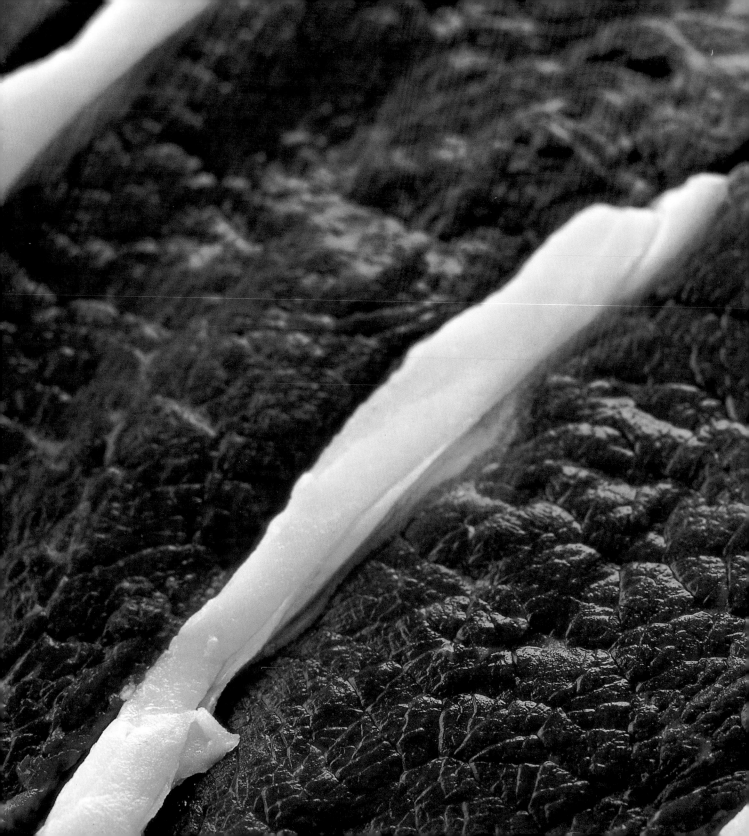

bœuf

Styliste culinaire : Linda Tubby
Styliste accessoiriste : Roisin Nield
Infographie : Louise Durocher
Correction : Caroline Yang-Chung et Monique Richard

**Catalogage avant publication
de Bibliothèque et Archives Canada**

Vedette principale au titre :

Bœuf

(Tout un plat !)

Traduction de : Steak.

1. Cuisine (Bœuf)   I. Titre.   II. Collection.

TX749.5.B43G39214 2007   641.6'62   C2007-940373-5

Pour en savoir davantage sur nos publications,
visitez notre site : **www.edhomme.com**
Autres sites à visiter : www.edjour.com
www.edtypo.com • www.edvlb.com
www.edhexagone.com • www.edutilis.com

02-07

L'ouvrage original anglais a été publié
par Jacqui Small,
succursale de Aurum Press Ltd,
sous le titre *Steak*

Dépôt légal : 2007
Bibliothèque et Archives nationales du Québec

ISBN 978-2-7619-2350-7

DISTRIBUTEURS EXCLUSIFS :
• Pour le Canada et les États-Unis :
  MESSAGERIES ADP*
  2315, rue de la Province
  Longueuil, Québec J4G 1G4
  Tél. : (450) 640-1237
  Télécopieur : (450) 674-6237
* une division du Groupe Sogides inc.,
  filiale du Groupe Livre Quebecor Média inc.
• Pour la France et les autres pays :
  INTERFORUM editis
  Immeuble Paryseine, 3, Allée de la Seine
  94854 Ivry CEDEX
  Tél. : 33 (0) 4 49 59 11 56/91
  Télécopieur : 33 (0) 1 49 59 11 96
  Service commandes France Métropolitaine
  Tél. : 33 (0) 2 38 32 71 00
  Télécopieur : 33 (0) 2 38 32 71 28
  Internet : www.interforum.fr
  Service commandes Export – DOM-TOM
  Télécopieur : 33 (0) 2 38 32 78 86
  Internet : www.interforum.fr
  Courriel : cdes-export@interforum.fr
• Pour la Suisse ? :
  INTERFORUM editis SUISSE
  Case postale 69 – CH 1701 Fribourg – Suisse
  Tél. : 41 (0) 26 460 80 60
  Télécopieur : 41 (0) 26 460 80 68
  Internet : www.interforumsuisse.ch
  Courriel : office@interforumsuisse.ch
  Distributeur : OLF S.A.
  ZI. 3, Corminboeuf
  Case postale 1061 – CH 1701 Fribourg – Suisse
  Commandes :   Tél. : 41 (0) 26 467 53 33
                     Télécopieur : 41 (0) 26 467 54 66
                     Internet : www.olf.ch
                     Courriel : information@olf.ch
• Pour la Belgique et le Luxembourg :
  INTERFORUM editis BENELUX S.A.
  Boulevard de l'Europe 117, B-1301 Wavre – Belgique
  Tél. : 32 (0) 10 42 03 20
  Télécopieur : 32 (0) 10 41 20 24
  Internet : www.interforum.be
  Courriel : info@interforum.be

Gouvernement du Québec – Programme de crédit d'impôt pour l'édition de livres – Gestion SODEC – www.sodec.gouv.qc.ca

L'Éditeur bénéficie du soutien de la Société de développement des entreprises culturelles du Québec pour son programme d'édition.

Nous reconnaissons l'aide financière du gouvernement du Canada par l'entremise du Programme d'aide au développement de l'industrie de l'édition (PADIÉ) pour nos activités d'édition.

tout un plat !

bœuf

paul gayler

photos : gus filgate

Traduit de l'anglais par Isabelle Allard

LES ÉDITIONS DE
L'HOMME

Cela vous surprendra peut-être d'apprendre quel plat de nombreux chefs aiment manger lors de leurs soirs de congé. Puisque nous travaillons de longues heures et préparons une multitude de plats différents et complexes, nous avons souvent envie d'un plat simple, rapide et facile à préparer. Un bifteck est alors la solution idéale.

Comme peuvent le confirmer les adeptes du barbecue, il n'y a rien de plus satisfaisant qu'un bifteck de bonne qualité, épais et juteux, simplement grillé sur du charbon de bois. Toutefois, avant de faire cuire un bifteck, il est important de comprendre ce qui constitue une bonne coupe de bœuf.

Ce livre a pour objectif de vous donner confiance lorsque vous ferez cuire du bœuf. Il vous indique comment choisir, conserver, préparer et cuire la viande. Les recettes proposées offrent tout un éventail de possibilités : succulents rôtis de bœuf, savoureuses grillades, délicieux sautés et autres plats irrésistibles. Chaque recette recommande les meilleures coupes à utiliser pour obtenir un résultat parfait. Le fait de comprendre les différences entre les différentes coupes de bœuf vous permettra de choisir une viande de bonne qualité.

Bon appétit!
Paul

CRITÈRES DE QUALITÉ

La viande de bœuf produite dans le monde est, la plupart du temps, classée selon sa qualité, en général par des agences gouvernementales. Ces dernières établissent des contrôles de qualité, considérés vitaux pour l'industrie bovine. Habituellement, le classement du bœuf se fonde sur deux facteurs principaux : la maturité de l'animal et sa teneur en gras. Ce dernier critère est particulièrement important. Le gras intramusculaire s'intègre à la viande maigre, produisant un effet appelé persillage. Ce gras aide à garder la viande juteuse durant la cuisson, procurant ainsi une meilleure saveur.

La qualité du bœuf est également améliorée par le processus de maturation, connu sous le nom de vieillissement à sec, où on suspend les carcasses de viande dans des réfrigérateurs à une température de 1 à 4 °C (34 à 40 °F). Une croûte dure se forme alors à l'extérieur, pendant que les fibres musculaires et le tissu s'attendrissent à l'intérieur. Comme c'est le cas avec le gibier, cette méthode rend la viande non seulement plus tendre, mais plus savoureuse.

LE CHOIX D'UNE PIÈCE DE VIANDE

Si vous voulez une viande de qualité, vous devez vérifier sa provenance. La meilleure viande de bœuf provient de bêtes nourries au grain et à l'herbe, abattues lorsqu'elles sont âgées d'au moins 24 mois.

Voici des points à considérer lors de l'achat.
Privilégiez :
• Une viande fraîche, réfrigérée, achetée chez un boucher de bonne réputation ;
• Une viande rouge foncé, à texture ferme, couverte d'un gras jaune crémeux ;
• Des rôtis persillés de premier choix, provenant de la surlonge, de la côte ou de la croupe (le persillage augmente la saveur) ;
• Une viande de provenance et de catégorie supérieure.

Évitez:
- La viande congelée ou de mauvaise qualité;
- Une viande à chair pâle, avec un gras blanc, signe d'un processus de vieillissement insuffisant;
- De la viande préemballée dont le plateau contient un excès de liquide.

LA CONSERVATION DE LA VIANDE

Idéalement, la viande devrait être conservée à une température de 1 à 4 °C (34 à 40 °F). Rappelez-vous de la sortir du réfrigérateur et de la laisser reposer à température ambiante pendant 30 min avant la cuisson. Conservez la viande crue à l'écart de la nourriture cuite, en la conservant dans un contenant hermétique pour éviter tout suintement ou déversement.

Je ne vous conseille pas de congeler la viande, mais si vous devez le faire pour une raison quelconque, assurez-vous qu'elle est bien emballée et congelez-la le plus rapidement possible. Consommez-la dans les trois mois qui suivent la congélation.

LES COUPES

Peu importe la qualité de la viande, une carcasse contient des coupes tendres et des coupes plus coriaces, selon la partie de l'animal d'où elles proviennent. La viande n'est rien d'autre que du muscle. Certaines coupes consistent en un seul muscle (le filet, par exemple), alors que d'autres peuvent contenir une partie de plusieurs muscles. De la viande provenant d'une partie de l'animal qui était plutôt inactive sera plus dispendieuse et plus facile à cuire. Les coupes provenant de parties fréquemment utilisées, comme la cuisse, contiendront des fibres plus épaisses et devront cuire plus lentement.

Ce sont les coupes persillées de gras, et non les coupes maigres, qui ont le plus de goût.

Pour obtenir une viande qui fond dans la bouche, il faut sélectionner la coupe en fonction de la méthode de cuisson utilisée.

VOICI UN GUIDE DES COUPES LES PLUS COURANTES.

Côte

Cette partie fournit la meilleure viande à rôtir, selon moi. Elle est tendre, a beaucoup de saveur et de texture, ainsi qu'un bon persillage. Les bouts de côte sont retirés pour le rôtissage. Cette coupe fournit le populaire faux-filet (sans os) et le bifteck de côte (avec os).

Faux-filet

Les biftecks de faux-filet sont préparés à partir d'une côte de bœuf désossée roulée et sont servis en portions uniques d'environ 300 g (10 oz).

Bifteck de côte

Le bifteck de côte pèse autour de 1 kg (2 lb) et est généralement divisé en deux portions. Sa viande est savoureuse et bien persillée. On ne le fait généralement pas mariner avant la cuisson.

Surlonge et longe courte

Ces parties, qui procurent toutes deux d'excellents rôtis ainsi que de délicieux biftecks coupés à contre-fibre, sont situées entre la côte et la cuisse. La longe courte désossée donne ce qu'on appelle le contre-filet. Très savoureux et tout indiqués pour la grillade, les biftecks de surlonge ont une texture ferme et une épaisseur d'environ 2,5 cm (1 po).

Bifteck minute

Ce petit bifteck de surlonge de moins de 1,5 cm (½ po) d'épaisseur doit être grillé très rapidement.

Bifteck d'aloyau (gros filet)

Coupé dans la partie antérieure de la longe, ce bifteck de 5 cm (2 po) d'épaisseur pèse environ 420 g (14 oz) par portion.

Introduction

Filet

Le filet est le muscle situé sous la croupe et la longe. C'est la partie la plus tendre de l'animal. On peut rôtir le filet entier, puis le servir en tranches. On l'utilise aussi entier dans la préparation du bœuf Wellington. Il est idéal pour d'autres plats nécessitant une viande très tendre, comme le carpaccio et le steak tartare. Il se vend également coupé en tranches de 180 à 240 g (6 à 8 oz), sous les appellations filet mignon, tournedos ou chateaubriand. Sa cuisson demande beaucoup d'attention, car cette viande est parfois sèche.

Filet mignon

Il s'agit d'une tranche plus mince prise dans la pointe du filet. Le filet mignon est très tendre, mais demande une cuisson attentive et soignée.

Tournedos

Il est généralement coupé plus près de la partie antérieure et est offert en différentes épaisseurs.

Chateaubriand

Provenant de la tête du filet, ce bifteck est rôti ou grillé entier pour deux convives, et souvent servi avec une sauce béarnaise.

Bifteck d'aloyau

Ce bifteck est coupé au centre de la longe courte. Son os en forme de T sépare la partie filet de la partie contre-filet.

Croupe

Cette pièce de viande savoureuse a parfois une texture coriace. Elle doit donc être cuite avec soin. On peut la rôtir (demandez le haut de croupe au boucher) ou la braiser.

Intérieur de ronde

Généralement entier, ce rôti provient de l'intérieur de la cuisse. On doit le cuire lentement, puis le laisser reposer avant de le couper en tranches minces. Comme il est peu persillé et risque d'être sec, les bouchers l'enveloppent souvent de gras pour qu'il s'humidifie durant la cuisson. Les biftecks d'intérieur de ronde sont souvent cuits à feu doux jusqu'à ce qu'ils soient très tendres.

Épaule et palette

Ces deux coupes proviennent de l'épaule et du cou de l'animal, et sont composées de plusieurs muscles. On les utilise habituellement dans les plats braisés.

Bavette

Il s'agit d'un bifteck maigre, savoureux et à texture grossière. On peut le mariner avant de le faire griller rapidement, mais il sera coriace s'il est trop cuit. Cette pièce de viande est aussi délicieuse farcie et roulée.

Bifteck de hampe

Très persillée, la hampe a un goût prononcé. Coupée en un seul morceau, elle peut ensuite être divisée en deux portions, qu'on pourra braiser ou griller. Pour de meilleurs résultats, la cuisson doit être saignante et la viande, tranchée finement.

MÉTHODES DE CUISSON

Les meilleures pièces de bœuf pour le rôtissage sont prises dans le quartier arrière de l'animal, les coupes les plus tendres provenant de la longe et des côtes. Puisque l'exercice durcit les muscles, les parties issues de la cuisse, de l'épaule et du cou doivent être cuites lentement et à la vapeur.

La grillade

Cette méthode est considérée à juste titre comme un mode de cuisson rapide et sain. Que vous utilisiez une poêle à fond cannelé ou un barbecue extérieur, cette technique demande un peu d'entraînement, mais procure d'excellents résultats.

Le gril du four ne convient pas vraiment à la cuisson des biftecks, car il ne produit pas assez de chaleur. Le charbon de bois devrait être gris et les poêles à fond cannelé, presque fumantes avant de commencer la cuisson. Pour éviter une production de fumée excessive, badigeonnez la viande plutôt que le gril avec de l'huile. Les pièces de viande plus maigres doivent être marinées pour pouvoir supporter la chaleur intense et avoir plus de saveur. Arrosez-les fréquemment de marinade durant la cuisson.

Les biftecks plus petits et plus tendres doivent être cuits à proximité de la source de chaleur. Plus la pièce de viande est épaisse, plus il faut l'éloigner de la source de chaleur et plus la cuisson sera longue. Pour une grillade, la viande doit être saisie, de façon à emprisonner la saveur et caraméliser le gras.

Coupes indiquées pour la grillade: Surlonge, croupe, filet, bifteck d'aloyau, bifteck de côte, faux-filet et autres coupes maigres et tendres. Une maturation suffisante procure des bavettes et des biftecks de hampe tendres lorsqu'ils sont cuits à point.

Le rôtissage

Cette méthode consiste à rôtir les coupes de premier choix au four, sans sauce. Bien réussie, elle permet de maximiser la saveur de la viande. Les temps de cuisson (voir p.11) sont calculés en fonction du poids de la viande et du degré de cuisson désiré. Les meilleures coupes, comme la longe et la croupe, sont rôties à feu vif et servies saignantes ou à point. Les coupes moins tendres, comme la

ronde et l'extérieur de ronde, demandent une cuisson plus lente et gagnent à être braisées.

Le four devrait toujours être réchauffé au préalable à la température souhaitée. En général, les petits rôtis sont cuits à haute température, alors que la cuisson des plus grosses pièces de viande commence à température élevée et se poursuit à chaleur réduite. La viande avec os est plus juteuse et savoureuse, et a moins tendance à rétrécir. Par contre, les rôtis désossés cuisent de façon plus égale, sont plus faciles à découper et produisent moins de déchets.

Choisissez le plat à rôtir qui convient à la dimension de votre pièce de viande. S'il est trop grand, les jus brûleront; s'il est trop petit et profond, la viande cuira à la vapeur.

Le rôtissage à la poêle consiste à saisir de petits rôtis, comme le filet ou le bifteck de côte, de tous côtés dans une poêle à frire avant de les mettre au four. Cette méthode amène les jus à la surface pour les caraméliser, ce qui emprisonne la saveur et donne une apparence appétissante à la viande.

Coupes indiquées pour le rôtissage: Les coupes tendres comme la côte, la surlonge, le filet et la croupe. Ne vous laissez pas tenter par l'intérieur et l'extérieur de ronde, qui sont meilleurs braisés ou cuits en cocotte.

À la poêle

Cette technique consiste à faire cuire des tranches de bœuf tendres dans une poêle peu profonde avec un peu d'huile ou de beurre en les remuant rapidement. Il s'agit sans aucun doute de la méthode la plus populaire.

Le degré de chaleur est très important. Il faut généralement un feu moyen-élevé, qui permet à la viande de brunir de façon égale avec une caramélisation appétissante. Si la chaleur est insuffisante, le jus s'échappera de la viande, qui sera alors partiellement brunie et aura un aspect moins alléchant. Une chaleur trop élevée fera brûler la viande à l'extérieur avant que l'intérieur ne soit cuit.

Il vous faudra une bonne poêle à frire à fond épais. Les chefs utilisent souvent des poêles en fonte, bien que certains préfèrent des poêles antiadhésives, idéales pour préparer des sauces avec le jus de cuisson.

Choisissez la poêle en fonction de la taille du morceau de viande. Ne remplissez pas trop la poêle, car cela créera un surplus de vapeur. Si vous devez faire cuire une grande quantité de viande, il est préférable de procéder en plusieurs étapes, en vous assurant de bien réchauffer la poêle entre chacune.

Coupes indiquées pour la cuisson à la poêle: Les coupes tendres comme le filet, la surlonge, la croupe et le bifteck de faux-filet.

Introduction

Le braisage

Cette méthode de cuisson à la vapeur convient tout à fait aux coupes moins tendres, qui ont beaucoup de saveur mais demandent une cuisson lente à feu doux.

Habituellement, on saisit d'abord la viande pour caraméliser la surface et lui donner une belle couleur. On la cuit ensuite lentement dans un liquide assaisonné. Les temps de cuisson dépendent de la qualité de la viande.

Le braisage s'effectue le plus souvent au four, mais il est possible de le faire sur la cuisinière à feu très doux. La plupart des plats braisés sont meilleurs lorsqu'on les prépare à l'avance et qu'on les réchauffe avant de servir. On marine souvent la viande dans du vin additionné d'aromates avant de la braiser. Le vin attendrit la viande et les aromates lui confèrent plus de saveur. Je vous conseille d'acheter une cocotte épaisse en fonte munie d'un couvercle hermétique, qui conduit la chaleur et la distribue uniformément.

Coupes indiquées pour le braisage: Intérieur et extérieur de ronde, haut de croupe, collier, pointe d'épaule, épaule, palette, haut-de-côtes, flanc, hampe, jarret et gîte.

PRÉFÉRENCES DE CUISSON

Les gens qui ne sont pas du métier craignent parfois de ne pas réussir la cuisson du bœuf, qui n'est pourtant pas si difficile qu'ils l'imaginent. Le tout est de déterminer le moment où il est cuit de la façon dont vous l'aimez.

Le temps de cuisson varie selon la coupe, l'épaisseur, la teneur en gras et la température interne. Il faut en outre tenir compte de la température du four ou du gril, qui peut différer grandement d'un appareil à l'autre. Vous devez vous familiariser avec votre propre four.

VOICI LES INDICATIONS QUI VOUS PERMETTRONT D'OBTENIR DE BONS RÉSULTATS.

Rôtissage

Cuisson à 190 °C (375 °F), rôti avec os.
Saignant: 20 minutes par 480 g (1 lb), plus 20 minutes; 60 °C (140 °F) *
À point: 25 min par 480 g (1 lb), plus 25 min; 70 °C (160 °F) *
Bien cuit: 30 minutes par 480 g (1 lb), plus 30 minutes; 82 °C (180 °F) *
• Pour la viande désossée, retranchez 5 min par 480 g (1 lb) et 5 min du temps additionnel.
• Il est préférable de laisser reposer un rôti 10 à 15 min avant de servir.

Grillade et cuisson à la poêle

La durée de cuisson des biftecks varie selon la chaleur du gril, le type de poêle, la proximité de la source de chaleur et, bien sûr, l'épaisseur de la viande.

Le tableau ci-contre a été établi en fonction d'un bifteck de 2,5 cm (1 po) d'épaisseur grillé à feu vif. Saisissez d'abord la viande de chaque côté afin de caraméliser les jus, puis faites-la griller jusqu'au degré de cuisson voulu.

TEMPS DE REPOS

Le fait de laisser reposer la viande après la cuisson, au chaud et couverte de papier d'aluminium, est aussi important que la cuisson elle-même. Durant la cuisson à haute température, la chaleur pénètre de l'extérieur et fait s'écouler les jus à proximité de la surface. Le fait de laisser reposer la viande permet à cette dernière de refroidir tout en continuant à cuire grâce à la chaleur accumulée à l'intérieur. Les fibres se décontractent progressivement, permettant aux jus internes de se répartir uniformément dans la pièce de viande, ce qui la rend tendre et succulente.

La cuisson d'une viande saignante demande presque autant de temps qu'une viande à point. En effet, bien qu'elle demande moins de temps de cuisson, elle nécessite une période de repos plus longue.

CONSEILS POUR LA CUISSON

• Assaisonnez la viande juste avant ou après la cuisson. Si vous la salez trop tôt, les jus s'en échapperont et la viande s'asséchera.

- Retirez toute la marinade avant de faire griller la viande.
- Ne faites jamais cuire du bœuf encore congelé, car il sera coriace. Laissez toujours la viande dégeler entièrement et atteindre la température ambiante avant de la faire cuire.

- Ne coupez jamais la viande pour vérifier le degré de cuisson, car cela lui ferait perdre ses jus.
- Pour la même raison, ne retournez jamais un bifteck à l'aide d'une fourchette. Utilisez plutôt des pinces.
- Si vous avez des doutes sur le degré de cuisson d'un bifteck, dites-vous

qu'il est préférable de le faire cuire trop peu que de le gâcher par une cuisson excessive.

* température finale après le temps de repos

Degré de cuisson	Temps de cuisson	Température interne	Temps de repos
Bleu intérieur presque cru, mais chaud	1-2 min de chaque côté	49-52 °C (120-125 °F)	9 min
Saignant intérieur rouge, jus abondant	2-3 min de chaque côté	58-60 °C (136-140 °F)	8 min
Mi-saignant intérieur plus clair, moins de jus	3-4 min de chaque côté	60-63 °C (140-145 °F)	7 min
À point centre rosé, jus moins coulant	4-5 min de chaque côté	65-68 °C (149-154 °F)	6 min
Mi-cuit centre rose foncé, jus moins coulant	5-6 min de chaque côté	68-70 °C (154-160 °F)	5 min
Bien cuit centre brun et juteux	6-7 min de chaque côté	70-77 °C (160-170 °F)	4 min
Très bien cuit centre beige, plus sec	7-8 min de chaque côté	80-82 °C (176-180 °F)	3 min

Steak frites suprême

Steak frites suprême

L'une des meilleures façons de savourer la viande de bœuf est de déguster un bon bifteck grillé. Selon vos préférences, il peut s'agir de coupes tendres comme le filet, le tournedos ou le bifteck d'aloyau, ou de biftecks au goût plus prononcé comme la surlonge et le faux-filet. Consultez la p.11 pour des conseils sur la cuisson. J'aime bien le servir accompagné de tomates et de champignons grillés. Ma sauce de prédilection est la sauce béarnaise, mais n'importe quel beurre froid peut convenir.

- 4 champignons plats, nettoyés et base du pied coupée
- Huile d'olive
- 1 gousse d'ail, émincée
- 1 brin de thym
- 4 tomates
- 4 biftecks (surlonge, faux-filet, filet, aloyau, bavette)
- 100 g (2 tasses) de cresson (facultatif)

- Mettre les champignons dans un bol avec un peu d'huile d'olive, l'ail et le thym. Laisser mariner pendant 1 h.
- Couper les pommes de terre en bâtonnets de 1,5 cm (½ po) d'épaisseur et 7,5 cm (3 po) de longueur. Plonger dans de l'eau froide jusqu'à utilisation, puis égoutter et assécher sur un linge propre.

- Chauffer lentement l'huile de tournesol à 160 °C (320 °F), blanchir les pommes de terre 4 à 6 min. Retirer et égoutter. Augmenter la température de l'huile à 190 °C (375 °F) et faire frire les pommes de terre jusqu'à ce qu'elles soient croustillantes et dorées. Égoutter sur du papier absorbant.
- Mettre les champignons et les tomates sur le gril pendant la cuisson du bifteck. Servir la viande avec les champignons, les tomates, le cresson, les frites saupoudrées de gros sel et une sauce au choix.

Sauce
- Béarnaise ou beurre froid, au choix (voir p. 109)

Frites
- 1,2 kg (2 ½ lb) de pommes de terre farineuses, pelées
- Huile de tournesol pour la friture
- Gros sel de mer

Filet à la niçoise et sauce béarnaise aux olives

J'adore la polyvalence de la sauce béarnaise. Elle est ici additionnée d'olives noires, ce qui en fait une sauce santé au merveilleux goût provençal.

- 4 c. à soupe d'huile d'olive
- 1 gousse d'ail, émincée
- 1 brin de thym frais, et un peu plus pour décorer
- 6 feuilles de basilic
- 4 filets de bœuf de 180 g (6 oz)
- 2 courgettes, taillées de biais en tranches de 5 mm (¼ po)
- 1 aubergine, en tranches de 5 mm (¼ po)
- 1 poivron rouge, pelé, épépiné et coupé en lanières
- 2 tomates, pelées, épépinées et coupées en deux
- 2 c. à soupe de vinaigre balsamique

- Mélanger l'huile d'olive, l'ail et les herbes dans un plat. Ajouter la viande et bien l'enrober de marinade. Couvrir de pellicule plastique et laisser mariner à température ambiante pendant 4 h.
- Retirer la viande du plat et mettre les légumes à mariner durant 2 h.
- Chauffer une poêle à fond cannelé. Une fois qu'elle est chaude, réchauffer un peu de marinade, ajouter les légumes et la viande. Faire griller les filets au goût et les légumes jusqu'à ce qu'ils soient dorés et légèrement carbonisés.

- Mélanger les olives et la sauce béarnaise, saler et poivrer au goût.
- Disposer les légumes grillés dans des assiettes et les arroser de vinaigre balsamique. Mettre le bœuf sur les légumes et verser un filet de sauce. Parsemer de thym et servir.

Sauce béarnaise aux olives
- 1 c. à soupe d'olives noires, hachées
- 160 ml (⅔ tasse) de Sauce béarnaise (voir p. 109)
- Sel et poivre noir fraîchement moulu

Filet à la niçoise et
sauce béarnaise aux olives

Bifteck teriyaki et haricots verts aux échalotes

Si vous avez envie d'un plat simple et différent, faites l'essai de ce bifteck apprêté à la manière japonaise.

- 8 filets mignons ou biftecks de hampe de 90 g (3 oz) chacun
- 375 g (3 ½ tasses) de haricots verts
- 6 grosses échalotes cuivrées, en tranches épaisses
- 2 c. à soupe d'huile d'olive
- 8 oignons verts, émincés
- 1 c. à soupe de coriandre fraîche
- 2 c. à soupe de sauce chili
- Sel et poivre noir fraîchement moulu

- Mélanger les ingrédients de la marinade dans un grand plat, ajouter la viande et laisser mariner 2 à 3 h à température ambiante. Retirer la viande en réservant la marinade.
- Cuire les haricots dans l'eau bouillante salée de 8 à 10 min. Égoutter et passer sous l'eau froide.
- Chauffer une poêle à fond cannelé ou un barbecue. Faire cuire les biftecks à feu vif jusqu'au degré de cuisson désiré, retirer du feu et conserver au chaud.
- Mettre les haricots dans un bol avec les échalotes et les enrober d'huile. Les faire griller jusqu'à ce qu'ils soient carbonisés et ramollis. Mettre dans un bol avec les oignons verts, la coriandre et la sauce chili. Remuer délicatement et assaisonner au goût.
- Verser la marinade dans une casserole et porter à ébullition. Disposer les haricots dans des assiettes, ajouter les biftecks, arroser de marinade et servir.

Marinade
- 6 c. à soupe de sauce soja foncée
- 2 c. à café (2 c. à thé) de sucre semoule
- 2 c. à soupe de saké ou de xérès sec
- 2 gousses d'ail, écrasées
- 1 morceau de gingembre frais de 5 cm (2 po), râpé finement

Bifteck de surlonge, pommes de terre au thym,
sauce aux anchois et aux câpres

Voici l'une de mes spécialités qui connaît beaucoup de succès. L'acidité naturelle des anchois et des câpres contraste avec la richesse du bifteck juteux. La chicorée rouge et les asperges grillées sont un bon accompagnement pour ce plat.

- 480 g (1 lb) de pommes de terre nouvelles, brossées
- 2 c. à soupe d'huile d'olive, et un peu plus pour badigeonner
- 1 c. à café (1 c. à thé) de feuilles de thym
- Sel et poivre noir fraîchement moulu
- 4 biftecks de surlonge de 210 g (7 oz) chacun, sans gras

- Faire cuire les pommes de terre dans de l'eau bouillante salée jusqu'à ce qu'elles soient à peine tendres. Égoutter, couper en deux sur la longueur et mettre dans un plat. Ajouter l'huile et le thym, saler, poivrer et mélanger.
- Mettre la moutarde, l'ail et le vinaigre dans un bol, verser l'huile et battre à l'aide d'un fouet. Ajouter les autres ingrédients de la sauce, remuer, saler, poivrer et réserver.
- Chauffer une poêle à fond cannelé ou un barbecue, faire dorer les pommes de terre de chaque côté, 10 à 12 min. Retirer du feu et conserver au chaud.

- Essuyer le gril. Badigeonner les biftecks avec un peu d'huile, saler, poivrer, et faire griller jusqu'au degré de cuisson désiré (5 à 6 min de chaque côté pour une cuisson à point).
- Réchauffer la sauce à feu doux. Couper chaque bifteck en 4 tranches épaisses et disposer à côté des pommes de terre dans 4 assiettes. Napper de sauce chaude et servir.

Sauce

- ½ c. à café (½ c. à thé) de moutarde de Dijon
- 1 gousse d'ail, écrasée
- 1 c. à soupe de vinaigre de vin blanc
- 4 c. à soupe d'huile d'olive
- 1 échalote, hachée finement
- 2 c. à soupe de câpres surfines, rincées et asséchées
- 2 filets d'anchois, rincés, asséchés et hachés
- 1 œuf dur, haché
- ½ poivron rouge, épépiné et coupé en dés de 5 mm (¼ po)

Bifteck farci aux huîtres

J'ai appris récemment, en parlant avec un chef australien, que ce plat provenait d'Australie et non des États-Unis, comme je le croyais. Qui sait, peut-être ce plat a-t-il mené à la création du célèbre pré et marée ? Cette recette toute simple marie un bifteck bien tendre à des huîtres fraîches de bonne qualité.

- 4 biftecks (filet, croupe, surlonge) de 180 g (6 oz) chacun
- 12 huîtres moyennes
- Sel et poivre fraîchement moulu
- 2 c. à soupe de beurre non salé, ramolli
- Le jus de 2 citrons frais pressés
- 2 c. à soupe de sauce Worcestershire
- 2 c. à soupe de persil plat italien, haché

- À l'aide d'un couteau bien affûté, pratiquer une entaille dans chaque bifteck sur la longueur, de manière à former une pochette.
- Ouvrir les huîtres et réserver le jus. Assaisonner les huîtres et en insérer trois dans chaque bifteck. Refermer l'ouverture à l'aide d'un bâtonnet à cocktail.
- Chauffer une poêle à fond cannelé ou un barbecue. Saler, poivrer les biftecks et les faire griller au goût.

- Pendant ce temps, mélanger le jus des huîtres avec le beurre, le jus de citron, la sauce Worcestershire et le persil. Verser sur les biftecks cuits et servir. Pour une délicieuse variante à l'orientale, ajouter 2 c. à soupe de sauce d'huîtres au jus des huîtres et au jus de citron, et en napper les biftecks.

Bifteck de surlonge,
pommes de terre au thym,
sauce aux anchois et aux câpres

Bifteck d'aloyau à la texane

Le bifteck d'aloyau à gros filet est l'un des biftecks les plus délectables. Le fait de mariner la viande fragmente les fibres, ce qui la rend plus tendre et intensifie sa saveur. Les rondelles d'oignon sont assaisonnées avec les mêmes épices.

- 2 c. à café (2 c. à thé) de paprika
- ½ c. à café (½ c. à thé) d'assaisonnement au chili
- 2 c. à café (2 c. à thé) de coriandre moulue
- 1 c. à café (1 c. à thé) de sel
- 1 c. à café (1 c. à thé) de sucre
- ½ c. à café (½ c. à thé) de poivre noir moulu
- ½ c. à café (½ c. à thé) de moutarde sèche
- 4 biftecks d'aloyau (gros filet) de 360 g (12 oz) chacun
- 4 c. à soupe d'huile d'olive
- 160 ml (⅔ tasse) de Salsa aux piments (voir p. 116)

- Dans un plat, mélanger le paprika, l'assaisonnement au chili, la coriandre, le sel, le sucre, le poivre et la moutarde sèche. Réserver 1 c. à soupe pour les oignons.

- Battre les biftecks avec un maillet de cuisine ou une fourchette aux dents pointues. Mettre la viande dans le plat d'épices, verser l'huile et bien faire pénétrer le mélange. Couvrir le plat de pellicule plastique et réfrigérer toute une nuit. Amener les biftecks à température ambiante avant la cuisson.

- Chauffer une poêle à fond cannelé, retirer les biftecks de la marinade et faire cuire jusqu'au degré de cuisson désiré.

- Pendant ce temps, faire chauffer l'huile végétale dans une friteuse ou une grande casserole à 180 °C (350 °F).

- Mélanger la farine et les épices réservées. Enrober les oignons et frire dans l'huile 3 à 4 min, jusqu'à ce qu'ils soient dorés. Retirer à l'aide d'une cuillère à égoutter et assécher sur du papier absorbant.

- Servir les biftecks garnis d'oignons et de salsa.

Rondelles d'oignon
- Huile végétale
- 2 c. à soupe de farine
- 2 oignons, pelés et émincés

Bifteck d'aloyau, sauce argentine et relish aux tomates

Cette délicieuse sauce au persil est connue en Amérique latine sous le nom de sauce chimichurri. On peut aussi en badigeonner du pain épais pour un sandwich au bifteck. Ceux qui apprécient les saveurs piquantes comme celle de l'ail seront comblés !

- 4 biftecks d'aloyau (gros filet) de 480 g (1 lb) et de 2,5 cm (1 po) d'épaisseur chacun
- 2 c. à soupe d'huile d'olive
- Sel et poivre fraîchement moulu

Sauce
- 1 petit bouquet de persil plat italien
- 4 grosses gousses d'ail, écrasées
- 125 ml (½ tasse) d'huile d'olive
- 4 c. à soupe de vinaigre de vin blanc
- 1 c. à soupe d'origan frais
- ½ c. à café (½ c. à thé) de chili broyé

- Pour préparer la relish, mettre la cassonade dans une casserole avec 125 ml (½ tasse) d'eau et porter à ébullition à feu doux. Quand la cassonade est dissoute, ajouter les tomates, les oignons, le vinaigre, la purée de tomates et la moutarde. Laisser mijoter 25 min, jusqu'à ce que la relish épaississe et ait un goût légèrement caramélisé. Saler et poivrer, ajouter le cumin, et laisser refroidir.

- Pour la sauce, détacher les feuilles de persil et jeter les tiges. Mettre le persil et l'ail dans un robot de cuisine et hacher grossièrement. Verser l'huile d'olive, le vinaigre et 3 c. à soupe d'eau, et mélanger de nouveau.

- Ajouter l'origan, le chili, un peu de sel et de poivre, et bien mélanger.

- Chauffer une poêle à fond cannelé ou un barbecue. Badigeonner les biftecks d'huile d'olive, saler et poivrer, puis griller jusqu'au degré de cuisson désiré. Servir nappé de sauce et accompagné de relish.

Relish
- 80 g (⅓ tasse) de cassonade foncée ou de sucre roux
- 180 g (¾ tasse) de tomates semi-séchées, hachées
- 1 oignon, haché finement
- 4 c. à soupe de vinaigre balsamique
- 1 c. à café (1 c. à thé) de purée de tomates
- 1 c. à café (1 c. à thé) de moutarde sèche
- 1 c. à café (1 c. à thé) de cumin moulu

Bifteck d'aloyau à la texane,
avec salsa aux piments
et rondelles d'oignon

Bifteck d'aloyau à la florentine, grillé sur feu de bois

Les biftecks grillés sur feu de bois sont tout à fait délicieux, le bois conférant une saveur et un arôme délicats à la viande. En Italie, la coupe de viande utilisée pour ce plat est le bifteck d'aloyau, qu'on arrose d'une huile savoureuse à l'ail et aux herbes. Il est possible d'utiliser une autre coupe de viande, en l'apprêtant de la même façon. Si vous ne disposez pas d'un barbecue au bois, vous pouvez vous servir d'un barbecue au charbon de bois ou d'une poêle à fond cannelé, qui ne procureront toutefois pas les mêmes résultats. J'aime bien servir ce plat avec des pommes de terre nouvelles et des poivrons grillés.

- 4 biftecks d'aloyau de 480 g (1 lb) chacun
- Sel et poivre noir fraîchement moulu

Sauce
- 40 g (1 ⅓ tasse) de romarin frais
- 40 g (1 ⅓ tasse) de basilic frais
- 125 ml (½ tasse) d'huile d'olive extravierge
- 3 gousses d'ail, écrasées

- Chauffer le barbecue en utilisant un mélange de charbon de bois et de bois (prosopis, de préférence). Il sera prêt pour la grillade lorsqu'il sera très chaud et que les flammes seront éteintes.

- Préparer la sauce. Mettre les herbes, l'huile et l'ail dans un mélangeur ou un robot de cuisine, et pulser jusqu'à l'obtention d'une texture grossière.

- Saler et poivrer les biftecks, et les mettre sur le gril. Badigeonner régulièrement avec la sauce jusqu'au degré de cuisson désiré.

- Arroser du reste de la sauce avant de servir.

Bifteck d'aloyau à la crème sure et au wasabi

Voici une recette toute simple qui s'apprête en quelques minutes.
On peut se procurer la pâte de wasabi, aussi appelée raifort japonais, dans les épiceries asiatiques.

- 4 biftecks d'aloyau de 480 g (1 lb) et d'environ 2 cm (¾ po) d'épaisseur chacun
- 3 c. à soupe de sauce soja légère
- 2 c. à soupe d'huile d'olive
- 2 c. à soupe de coriandre fraîche, hachée

- Un morceau de gingembre frais de 2,5 cm (1 po), râpé
- 1 c. à soupe de cassonade ou de sucre roux
- 1 c. à soupe de mirin ou de xérès sec

Sauce
- 160 ml (⅔ tasse) de crème sure ou de yogourt nature
- ½ c. à café (½ c. à thé) de pâte de wasabi
- 3 oignons verts, hachés finement

- Mettre les biftecks dans un récipient à fermeture hermétique. Mélanger la sauce soja, l'huile d'olive, la coriandre, le gingembre, la cassonade et le mirin, puis verser sur les biftecks. Couvrir et laisser mariner pendant 1 h à température ambiante, en tournant les biftecks de temps à autre.
- Dans un bol, mélanger les ingrédients de la sauce et conserver au réfrigérateur jusqu'au moment de servir.
- Faire griller les biftecks jusqu'au degré de cuisson voulu et servir avec la sauce.

Bifteck d'aloyau, tapenade de tomates semi-séchées et de romarin

4 portions

Cette tapenade est excellente comme trempette avec des bâtonnets de fromage. On peut aussi la tartiner sur du pain arrosé d'huile d'olive. Les pommes de terre au four additionnées de crème sure constituent un excellent accompagnement pour ce plat.

- 4 biftecks d'aloyau de 360 g (12 oz) et d'environ 2 cm (¾ po) d'épaisseur chacun
- 2 brins de romarin frais
- 2 c. à soupe d'huile d'olive

- À l'aide d'un petit couteau, pratiquer des entailles dans la viande. Détacher les aiguilles du romarin et les insérer dans les entailles. Mettre les tranches de viande dans un plat, arroser d'huile d'olive, couvrir et laisser mariner à la température ambiante pendant 2 h.

- Pendant ce temps, mettre les olives, les câpres, l'ail et l'huile d'olive dans un mélangeur et réduire en purée grossière. Ajouter les tomates et leur huile, le jus de citron et le romarin, puis mélanger de nouveau. Saler et poivrer.

- Faire griller les biftecks jusqu'au degré de cuisson désiré, garnir de tapenade et servir.

Tapenade
- 30 g (¼ tasse) d'olives vertes, dénoyautées
- 2 c. à soupe de câpres surfines, rincées
- 2 gousses d'ail, écrasées
- 3 c. à soupe d'huile d'olive
- 120 g (½ tasse) de tomates semi-séchées, marinées dans l'huile
- 1 c. à soupe de jus de citron
- 1 c. à café (1 c. à thé) de romarin frais
- Sel et poivre noir fraîchement moulu

4 portions

L'adobo est une pâte mexicaine à base de piments rouges séchés, d'épices et vinaigre. Son goût très relevé ravira les amateurs de mets épicés. L'appellation adobado fait référence à la façon dont la viande enrobée de marinade est grillée ou rôtie. J'aime servir ce plat avec une Salsa à l'avocat et à l'orange sanguine (voir p. 116). Ces biftecks sont à leur meilleur grillés sur un barbecue au charbon de bois.

- Mélanger 1 c. à café (1 c. à thé) de sel, ½ c. à café (½ c. à thé) de poivre noir et la moutarde, puis en frotter les biftecks sur toutes les faces. Laisser reposer dans un plat 30 min.

- Chauffer une poêle à frire à fond épais et faire griller les piments 2 à 3 min, en remuant sans cesse. Transvaser dans un bol, couvrir d'eau bouillante et laisser reposer 15 min. Égoutter et jeter l'eau.

- Mettre les piments dans un mélangeur avec 125 ml (½ tasse) d'eau et réduire en purée. Ajouter l'ail, les oignons, le cumin et l'origan, et mélanger de nouveau.

- Faire fondre le beurre dans une petite casserole, ajouter la purée de piments et faire cuire 3 à 4 min à feu vif, en remuant constamment.

- Ajouter la purée de tomates et poursuivre la cuisson 2 min. Verser le vinaigre, réduire la chaleur et laisser mijoter environ 20 min, jusqu'à ce que la sauce épaississe. Couvrir les biftecks de sauce et laisser mariner jusqu'à 1 h à température ambiante.

- Chauffer une poêle à fond cannelé ou un barbecue et faire griller les biftecks, toujours enrobés de marinade, jusqu'au degré de cuisson désiré, en les retournant souvent pour les empêcher de brûler. Servir entiers ou en tranches minces avec la salsa.

- Sel et poivre noir fraîchement moulu
- ½ c. à café (½ c. à thé) de moutarde de Dijon
- 4 biftecks de faux-filet de 270 g (9 oz) chacun
- 2 piments forts séchés Ancho, de préférence
- 2 gousses d'ail, écrasées
- 1 oignon, haché finement
- ¼ c. à café (¼ c. à thé) de cumin moulu
- ¼ c. à café (¼ c. à thé) d'origan
- 2 à 3 c. à soupe de beurre non salé
- 1 c. à soupe de purée de tomates séchées
- 1 c. à café (1 c. à thé) de vinaigre de vin rouge ou balsamique
- Salsa à l'avocat et à l'orange sanguine (voir p. 116)

Bifteck sur pain grillé et huîtres à la diable

Certains seront surpris de voir la sauce HP figurer parmi les ingrédients, mais elle fait vraiment merveille dans la composition de cette sauce. Je n'ai rien contre l'utilisation de ketchup ou de relish préparée s'il s'agit de produits de qualité.

- 2 c. à soupe d'huile de tournesol
- 1 oignon, émincé
- 1 c. à soupe de coriandre fraîche, hachée
- Sel et poivre noir fraîchement moulu
- 4 filets ou biftecks de croupe de 180 g (6 oz) chacun
- 8 huîtres
- 8 tranches de bacon ou de pancetta
- 4 tranches épaisses de pain blanc de qualité
- 2 grosses tomates, coupées en 4 tranches

- Pour préparer la sauce, chauffer l'huile dans une casserole, ajouter l'ail et les oignons, et faire revenir 2 à 3 min jusqu'à ce que les oignons soient tendres. Ajouter le reste des ingrédients, porter lentement à ébullition et laisser mijoter 10 min, en remuant de temps en temps. Conserver au chaud.

- Chauffer 1 c. à soupe d'huile de tournesol dans une poêle à frire et faire revenir les oignons 5 à 6 min, jusqu'à ce qu'ils soient dorés. Ajouter la coriandre, le sel, le poivre au goût et conserver au chaud.

- Chauffer une poêle à fond cannelé et assaisonner les biftecks. Entourer chaque huître d'une tranche de bacon fixée à l'aide d'un bâtonnet à cocktail. Badigeonner les biftecks et les huîtres avec le reste de l'huile. Faire griller la viande jusqu'au degré de cuisson désiré et les huîtres jusqu'à ce que le bacon soit doré, environ 2 à 3 min.

- Faire griller le pain des deux côtés, garnir du mélange d'oignons et de coriandre et d'une tranche de tomate.

- Disposer un bifteck sur une tranche de pain garnie, en terminant par 2 huîtres grillées. Napper de sauce et servir.

Sauce
- 1 c. à soupe d'huile d'olive
- 2 gousses d'ail, écrasées
- 1 oignon, haché finement
- 125 ml (½ tasse) de sauce HP
- 1 c. à soupe de cassonade ou de sucre roux
- 1 c. à café (1 c. à thé) de moutarde de Dijon
- ½ c. à café (½ c. à thé) de flocons de chili
- Sel
- Une pincée de poivre de Cayenne

Sandwich au bifteck et relish aux tomates

Ce sandwich consistant flattera les palais les plus blasés. Le yogourt épicé donne à la viande une texture fondante.
S'il vous est impossible de trouver du paprika fumé, remplacez-le par du paprika doux.

- 125 g (½ tasse) de yogourt nature
- Une pincée de sucre
- 1 gousse d'ail, écrasée
- 1 c. à café (1 c. à thé) de purée de tomates
- 1 c. à café (1 c. à thé) de paprika fumé

- 1 c. à café (1 c. à thé) de cumin moulu
- 4 biftecks de croupe de 150 g (5 oz) chacun, sans gras
- Huile d'olive
- Sel et poivre noir fraîchement moulu

- 150 g (¾ tasse) de tomates, pelées, épépinées et hachées finement
- 2 c. à soupe de sauce raifort
- 1 c. à soupe de coriandre fraîche, hachée
- 1 c. à café (1 c. à thé) de sauce au piment fort
- ½ c. à café (½ c. à thé) de sauce Worcestershire

- Dans un grand récipient, mélanger le yogourt, le sucre, l'ail, la purée de tomates, le paprika et le cumin. Ajouter les biftecks, remuer et laisser mariner jusqu'à 1 h à température ambiante.
- Dans un bol, mélanger tous les ingrédients qui composent la relish, saler et poivrer.
- Chauffer une poêle à frire ou à fond cannelé. Retirer les biftecks de la marinade en essuyant tout excès de liquide, puis les badigeonner d'huile. Saler, poivrer et faire griller jusqu'au degré de cuisson désiré.
- Pendant ce temps, griller les ciabattas. Couvrir une moitié d'oignons, de concombre et de cresson, ajouter le bifteck et une cuillerée de relish.
- Refermer le sandwich en appuyant légèrement. Couper en deux et servir aussitôt avec un peu de relish et des frites croustillantes.

Service
- 4 ciabattas, coupées en deux
- 1 petit oignon rouge, émincé
- ¼ concombre, émincé
- 55 g (½ tasse) de cresson

Bifteck de faux-filet et camembert aux escargots

J'ai élaboré cette recette quand j'étais jeune et que je participais à divers concours culinaires dans mon pays et à l'étranger.
À mon grand plaisir, elle m'a valu un prix lors d'une compétition de mets au fromage.
Je l'inclus dans ce livre pour des raisons sentimentales et parce qu'il s'agit d'un excellent plat qui fait ma fierté!

- **4 biftecks de faux-filet ou de croupe de 210 g (7 oz) et de 5 mm (¼ po) d'épaisseur chacun**
- **Sel et poivre noir fraîchement moulu**
- **1 c. à soupe d'huile d'olive**
- **4 grosses parts de camembert chambré**

Sauce

- **3 c. à soupe de beurre non salé**
- **1 gousse d'ail, écrasée**
- **90 g (3 oz) d'escargots en conserve, égouttés**
- **60 g (2 oz) de jambon de Parme, haché finement**
- **2 échalotes, hachées finement**
- **2 c. à soupe de vin blanc sec**
- **160 ml (⅔ tasse) de Bouillon de bœuf (voir p. 114)**
- **1 c. à soupe de persil plat italien, haché**

- Préchauffer le four à 150 °C (300 °F). Chauffer une poêle à fond cannelé, assaisonner les biftecks et les badigeonner d'huile d'olive.

- Faire griller les biftecks jusqu'au degré de cuisson désiré. Couvrir chaque bifteck d'un morceau de camembert et mettre au four pour conserver au chaud.

- Chauffer la moitié du beurre dans une poêle à frire et faire revenir l'ail 2 à 3 min. Augmenter la chaleur et faire sauter les escargots, le jambon et les échalotes 1 min. Verser le vin et faire bouillir 1 min. Ajouter le bouillon et laisser mijoter jusqu'à ce que la sauce ait réduit de moitié. Incorporer le beurre restant au fouet, ajouter le persil, saler et poivrer.

- Disposer les biftecks couverts de fromage dans des assiettes, napper de sauce aux escargots et servir.

2 8   LES GRILLADES

Bifteck de faux-filet, salsa verde et panzanella

Cette recette donne une bonne quantité de salsa verde. Vous pourrez la conserver deux ou trois jours dans un contenant couvert au réfrigérateur. Elle est excellente avec des pâtes ou du poulet grillé. La panzanella est une spécialité toscane dans laquelle j'ai remplacé le pain par du boulghour.

- 4 biftecks de faux-filet de 180 g (6 oz) chacun
- 2 c. à soupe d'huile d'olive
- Sel et poivre noir fraîchement moulu

- Pour la salsa, mettre la moutarde dans un petit bol et incorporer lentement l'huile en mélangeant à l'aide d'un fouet. Verser dans un mélangeur, ajouter le reste des ingrédients et réduire en purée. Saler, poivrer et réserver.
- Pour la panzanella, mettre le boulghour dans un bol et couvrir d'eau bouillante. Laisser gonfler 30 min, couvert d'une pellicule plastique. Une fois que toute l'eau est absorbée, faire gonfler avec une fourchette. Ajouter le reste des ingrédients et bien remuer. Assaisonner et laisser reposer 20 min pour permettre aux saveurs de bien se marier.
- Chauffer une poêle à fond cannelé ou un barbecue. Badigeonner les biftecks d'huile d'olive, saler et poivrer. Faire griller jusqu'au degré de cuisson désiré.
- Tapisser le fond de 4 assiettes de panzanella, disposer sur le dessus les biftecks, entiers ou en tranches, napper de salsa et servir.

Salsa verde
- 2 c. à soupe de moutarde de Dijon
- 125 ml (½ tasse) d'huile d'olive
- 50 g (1 ½ tasse) de basilic frais
- 25 g (1 tasse) de jeunes épinards, sans les tiges
- 4 c. à café (4 c. à thé) de câpres surfines
- 2 filets d'anchois, rincés
- 2 gousses d'ail, écrasées

Panzanella
- 130 g (¾ tasse) de boulghour
- 10 tomates cerises rouges, coupées en deux
- 10 tomates cerises jaunes, coupées en deux
- 40 g (¼ tasse) d'olives noires, dénoyautées
- 1 oignon rouge, haché
- 2 c. à soupe de vinaigre de vin rouge
- 125 ml (½ tasse) d'huile d'olive

Bifteck de croupe farci au fromage de chèvre,
aux champignons et au cresson

J'adore le fromage de chèvre sous toutes ses formes. Pour ce plat, il vous faudra un fromage de chèvre vieilli au goût relevé.
La trompette-des-morts est une variété de champignon sauvage au goût terreux, qu'on peut se procurer fraîche ou séchée. Toutefois,
n'importe quelle variété de champignons peut convenir.

- 2 c. à soupe d'huile d'olive
- 2 échalotes, hachées finement
- 1 gousse d'ail, écrasée
- 75 g (1 ½ tasse) de trompettes-des-morts ou de champignons plats, hachés
- 100 g (¾ tasse) de fromage de chèvre vieilli, émietté
- 1 c. à soupe de persil plat italien, haché
- 1 c. à café (1 c. à thé) de moutarde de Dijon
- 80 g (⅔ tasse) de chapelure fraîche de pain blanc
- 4 biftecks de croupe de 180 g (6 oz) et de 4 cm (1 ½ po) d'épaisseur chacun
- 120 g (½ tasse) de Beurre de cresson et d'amandes (voir p. 111)

- Chauffer l'huile dans une poêle à frire et faire revenir les échalotes, l'ail et les champignons à feu vif 5 min, jusqu'à ce que les champignons soient tendres. Réserver dans un bol et laisser refroidir.

- Ajouter aux champignons refroidis le fromage, le persil, la moutarde, la chapelure et bien mélanger.

- Pratiquer une entaille sur le côté des biftecks pour former une pochette. Remplir de farce et refermer l'ouverture à l'aide d'un bâtonnet à cocktail.

- Chauffer une poêle à fond cannelé ou un barbecue. Faire griller les biftecks jusqu'au degré de cuisson désiré. Couper en grosses tranches, garnir de Beurre de cresson et d'amandes, et servir.

Brochettes de bœuf à la méditerranéenne et hoummos

Baharat signifie « épice » en arabe. Il s'agit d'un mélange d'épices de couleur brune et à l'arôme riche, dont la composition varie selon les régions. Il est vendu dans les épiceries moyen-orientales, tout comme la mélasse de grenade. Cette mélasse épaisse et sirupeuse a un petit goût acide qui contraste agréablement avec les abricots sucrés.

- 2 c. à soupe d'huile d'olive
- 1 gousse d'ail, écrasée
- 1 morceau de gingembre frais de 5 cm (2 po), râpé finement
- 1 c. à café (1 c. à thé) de cumin moulu
- ¼ c. à café (¼ c. à thé) de curcuma moulu
- 1 c. à soupe d'épices baharat
- 4 c. à soupe de mélasse de grenade
- 720 g (1 ½ lb) de hampe ou de croupe de bœuf, coupée en cubes de 2,5 cm (1 po) à contre-fibre
- 12 abricots séchés, trempés dans l'eau chaude pendant 30 min et égouttés
- Petites feuilles de menthe fraîche
- 4 brochettes de bois trempées dans l'eau

- Chauffer l'huile d'olive dans une casserole et faire revenir l'ail, le gingembre, le cumin, le curcuma et les épices baharat 1 min pour infuser les épices. Ajouter la mélasse de grenade et poursuivre la cuisson 1 min.
- Mettre le bœuf dans un plat et bien l'enrober du mélange d'épices. Laisser refroidir environ 1 h.
- Retirer la viande de la marinade et enfiler les cubes sur les brochettes en alternant avec les abricots.
- Chauffer une poêle à fond cannelé ou un barbecue. Faire griller les brochettes 5 à 6 min, en les retournant durant la cuisson.
- Pendant ce temps, préparer le hoummos. Mettre les pois chiches dans un mélangeur avec l'ail, le lait et le jus de citron. Saler, poivrer et réduire en purée lisse.
- Réchauffer l'huile d'olive dans une petite casserole, ajouter les graines de cumin et faire cuire à feu doux 1 min pour infuser. Ajouter la purée, mélanger et poursuivre la cuisson 2 à 3 min.
- Servir les brochettes parsemées de menthe et accompagnées de hoummos.

Hoummos

- 370 g (2 tasses) de pois chiches cuits ou en conserve, égouttés
- 1 gousse d'ail, écrasée
- 125 ml (½ tasse) de lait entier
- Le jus de ¼ citron
- Sel et poivre noir fraîchement moulu
- 2 c. à soupe d'huile d'olive
- 1 c. à café (1 c. à thé) de graines de cumin

Kebabs au thé vert

Le thé et le café sont, selon moi, trop peu utilisés en cuisine, sinon sous forme de boisson réconfortante! En Extrême-Orient, on apprécie depuis des siècles la saveur unique que confère le thé aux aliments. Je sers habituellement ces kebabs avec du riz vapeur ou frit.

- 600 g (1¼ lb) de surlonge, en cubes de 2,5 cm (1 po)
- 1 gros oignon rouge, en 8 quartiers
- 2 poivrons verts, épépinés et coupés en gros morceaux
- 1 aubergine, en gros morceaux
- 4 brochettes de bois trempées dans l'eau
- 2 c. à soupe d'huile d'olive

- Mettre les cubes de bœuf dans un bol, ajouter les ingrédients de la marinade et bien mélanger pour marier les saveurs. Couvrir de pellicule plastique et réfrigérer 24 h.
- Jeter la marinade et réserver le bœuf.
- Chauffer une poêle à fond cannelé ou un barbecue. Enfiler les cubes de bœuf et les morceaux de légumes sur les brochettes et les badigeonner d'huile.
- Griller les kebabs 8 à 10 min ou au goût.

Marinade
- 2 c. à soupe de sauce soja légère
- 2 tiges de citronnelle, hachées (partie blanche seulement)
- 1 c. à soupe de sauce chili sucrée
- 1 c. à café (1 c. à thé) d'huile de chili
- 2 c. à café (2 c. à thé) de thé vert en feuilles ou en sachets
- 3 gousses d'ail, écrasées
- 1 morceau de gingembre frais de 1,5 cm (½ po), râpé
- 21 g (¾ tasse) de coriandre, hachée grossièrement

Bœuf satay et sauce à l'arachide

Avec l'intérêt croissant manifesté envers la cuisine de l'Asie du Sud-Est, ce plat malaisien traditionnel connaît de plus en plus d'adeptes. On le sert généralement avec de l'oignon et du concombre haché. Préparées en quantité réduite, ces brochettes peuvent aussi faire office de hors-d'œuvre.

- 800 g (1 ⅔ lb) de surlonge, sans gras, coupée en morceaux de 2,5 cm (1 po) de longueur
- 4 tiges de citronnelle, hachées (partie blanche seulement)
- 2 c. à soupe de cassonade ou de sucre roux
- 1 c. à soupe de sauce au poisson (nam pla)
- 1 gousse d'ail, écrasée
- 1 morceau de gingembre frais de 2,5 cm (1 po), râpé
- ½ c. à café (½ c. à thé) de graines de coriandre
- ½ c. à café (½ c. à thé) de graines de cumin
- ½ c. à café (½ c. à thé) de curcuma moulu
- 8 brochettes de bois ou de bambou trempées dans l'eau
- Huile végétale

- Mettre la viande dans un grand bol.
- Mettre la citronnelle, la cassonade, la sauce au poisson, l'ail, le gingembre, la coriandre, le cumin et le curcuma dans un mélangeur ou un robot de cuisine, ajouter 60 ml (¼ tasse) d'eau et réduire en purée. Verser sur la viande et bien mélanger. Couvrir de pellicule plastique et laisser mariner au réfrigérateur toute une nuit.
- Répartir les cubes de viande également entre les brochettes, les enfiler et les badigeonner légèrement d'huile.
- Chauffer une poêle à fond cannelé ou un barbecue. Pendant ce temps, mettre tous les ingrédients de la sauce dans une petite casserole. Porter à ébullition, réduire la chaleur et laisser mijoter 2 à 3 min. Verser dans un bol et laisser refroidir.
- Griller les brochettes 3 à 4 min, jusqu'à ce que la viande soit dorée et caramélisée. Servir accompagnées de sauce.

Sauce à l'arachide
- 310 ml (1¼ tasse) de bouillon de poulet
- 6 c. à soupe de beurre d'arachide crémeux
- 2 c. à soupe de cassonade ou de sucre roux
- 1 piment rouge, épépiné et haché finement
- 1 morceau de gingembre frais de 2,5 cm (1 po), râpé finement
- 1 c. à café (1 c. à thé) de cari doux en poudre
- 1 gousse d'ail, écrasée
- ½ c. à café (½ c. à thé) de sauce soja
- Le jus de ½ citron

Bifteck au poivre

Bifteck au poivre

Le succès de cette spécialité française repose sur la saveur des grains de poivre, qui doivent être concassés au dernier moment pour libérer leur arôme. L'origine de ce plat remonte au XIXᵉ siècle, quand le poivre était considéré comme un aphrodisiaque. Toujours populaire de nos jours, le bifteck au poivre est généralement servi avec des pommes de terre sautées.

- 3 c. à soupe de grains de poivre noir frais
- 4 filets de bœuf de 180 g (6 oz) et de 4 à 5 cm (1½ à 2 po) d'épaisseur chacun
- Sel
- 2 c. à soupe de beurre clarifié (voir p. 39)
- 125 ml (½ tasse) de cognac ou de brandy
- 160 ml (⅔ tasse) de Bouillon de bœuf (voir p. 114)
- 4 c. à soupe de crème fraîche épaisse
- 120 g (½ tasse) de beurre non salé, froid et coupé en petits dés

- Mettre les grains de poivre dans un linge propre replié et les concasser grossièrement à l'aide d'un rouleau à pâtisserie ou d'un maillet de cuisine. Étaler les grains concassés dans une assiette et rouler les filets pour les enrober. Saler légèrement.
- Chauffer le beurre clarifié dans une grande poêle à frire antiadhésive, faire griller les filets à feu vif jusqu'à ce qu'ils soient bien dorés et cuits au goût. Retirer de la poêle et conserver au chaud.

- Verser le cognac dans la poêle et l'enflammer. Laisser flamber, puis ajouter le bouillon et faire réduire de moitié.
- Ajouter la crème et faire réduire jusqu'à ce que la sauce soit assez épaisse pour napper le dos d'une cuillère. Incorporer le beurre au fouet et saler. Napper les filets de sauce et servir.

Filet mignon, échalotes et champignons au marsala

Un filet mignon bien tendre, garni d'échalotes et de champignons sauvages, voilà une combinaison invariablement appréciée. Si vous ne pouvez trouver de champignons sauvages frais, utilisez-en sous forme séchée. Il est important que la sauce ait une saveur riche et intense. Je vous suggère une purée de pommes de terre crémeuse en guise d'accompagnement.

- 2 c. à soupe de beurre clarifié (voir p. 39)
- 8 filets mignons de 90 g (3 oz) chacun
- Sel et poivre noir fraîchement moulu
- 2 c. à soupe de beurre non salé, froid et coupé en petits dés
- 225 g (3½ tasses) de champignons sauvages frais, émincés
- 1 gousse d'ail, écrasée
- 12 échalotes cuivrées, pelées et coupées en deux sur la longueur
- 1 c. à soupe de cassonade ou de sucre roux
- 160 ml (⅔ tasse) de marsala
- 175 ml (¾ tasse) de Bouillon de bœuf (voir p. 114)
- 1 c. à café (1 c. à thé) de thym haché, et un peu plus pour décorer

- Chauffer le beurre clarifié dans une poêle à frire antiadhésive, assaisonner les filets et les faire cuire 2 à 3 min de chaque côté. Retirer de la poêle et conserver au chaud.
- Réchauffer 1 c. à soupe de beurre dans la poêle, faire revenir les champignons et l'ail 2 à 3 min. Retirer de la poêle et conserver au chaud.

- Mettre les échalotes et la cassonade dans la poêle et faire caraméliser 4 à 5 min. Verser le marsala et le bouillon, et poursuivre la cuisson 4 à 5 min, pour attendrir les échalotes et réduire la sauce de moitié. Une fois la sauce épaisse et sirupeuse, ajouter les champignons et le thym, puis incorporer le reste du beurre. Saler et poivrer.
- Servir 2 filets par personne, napper de sauce aux échalotes et aux champignons, et parsemer de thym.

Filet mignon, échalotes
et champignons au marsala

Tournedos style venaison aux baies de genièvre
et blinis aux marrons

La marinade au vin rouge et aux baies de genièvre donne une merveilleuse touche hivernale au bœuf.
Les blinis aux marrons accompagnent ce plat à merveille.

- 4 tournedos de 180 g (6 oz) et de 2,5 à 4 cm (1 à 1½ po) d'épaisseur chacun
- 2 brins de romarin
- 125 ml (½ tasse) de vin rouge de qualité
- 8 baies de genièvre
- 2 c. à soupe d'huile d'olive
- Sel et poivre noir fraîchement moulu
- 1 c. à soupe de cassonade ou de sucre roux
- 2 pommes Granny Smith, pelées, évidées et coupées en tranches de 1,5 cm (½ po) d'épaisseur
- 1 c. à soupe de vinaigre de cidre
- 175 ml (¾ tasse) de bouillon de bœuf
- 1 c. à soupe de gelée de groseille
- 2 c. à soupe de groseilles rouges

- Mettre les tournedos et les brins de romarin dans un plat profond, verser le vin et parsemer de baies de genièvre. Couvrir et laisser mariner à température ambiante 1 h, en retournant une ou deux fois. Retirer du plat et filtrer la marinade.

- Pour les blinis, mélanger les pommes de terre écrasées, la purée de marrons et la farine dans un bol, ajouter les œufs et suffisamment de lait pour obtenir une pâte qui tombe facilement de la cuillère. Assaisonner au goût.

- Chauffer le beurre clarifié dans une grande poêle à frire antiadhésive. Mettre 2 c. à soupe de pâte pour former 8 petites crêpes de 5 mm (¼ po) d'épaisseur. Faire dorer 2 à 3 min de chaque côté. Retirer de la poêle et conserver au chaud.

- Chauffer l'huile d'olive dans une grande poêle à frire antiadhésive, assaisonner les tournedos et faire dorer de tous côtés jusqu'au degré de cuisson désiré. Retirer de la poêle et conserver au chaud.

- Retirer tout le gras de la poêle, ajouter la cassonade et les pommes, et faire caraméliser légèrement 4 à 5 min. Réserver.

- Verser le vinaigre de cidre, la marinade filtrée et le bouillon dans la poêle, et cuire doucement jusqu'à ce que la sauce ait réduit de moitié. Incorporer la gelée de groseille, les groseilles et les pommes. Saler et poivrer au goût. Disposer les tournedos sur les blinis, napper de sauce et servir.

Blinis aux marrons
- 185 g (¾ tasse) de pommes de terre chaudes, écrasées
- 100 g (½ tasse) de purée de marrons non sucrée
- 75 g (½ tasse) de farine
- 1 œuf
- 1 jaune d'œuf
- 125 ml (½ tasse) de lait entier
- 2 c. à soupe de beurre clarifié (voir p. 39)

4 portions

Le compositeur italien Rossini était un gourmet notoire, friand de foie gras et de truffes. Il avait des goûts de luxe, comme en témoigne ce plat créé en son honneur dans un café parisien. Un mets coûteux à préparer, mais mémorable.

- 3 c. à soupe de beurre clarifié (voir ci-contre)
- 4 tournedos de 180 g (6 oz) chacun, sans gras
- Sel et poivre noir fraîchement moulu
- 4 tranches de foie gras de 90 g (3 oz)
  et de 1,5 cm (½ po) d'épaisseur chacune
- 4 tranches de baguette de 1,5 cm (½ po) d'épaisseur
- 160 ml (⅔ tasse) de madère
- 310 ml (1¼ tasse) de Bouillon de bœuf (voir p. 114)
- 2 c. à soupe de beurre non salé,
  froid et coupé en petits dés
- 8 tranches fines de truffes fraîches ou en conserve

- Préchauffer le four à 200 °C (400 °F). Chauffer une poêle à frire antiadhésive allant au four et chauffer 1 c. à soupe de beurre clarifié à feu moyen. Assaisonner les tournedos et les griller dans la poêle jusqu'à ce qu'ils soient dorés sur toutes les faces.

- Mettre au four 5 à 6 min pour une cuisson mi-saignante ou plus si désiré. Retirer de la poêle et conserver au chaud.

- Remettre la poêle sur le feu et cuire le foie gras assaisonné 30 sec à feu vif. Retirer du feu et conserver au chaud.

- Chauffer une autre poêle, ajouter le beurre clarifié restant et faire griller les tranches de pain 30 sec de chaque côté. Retirer du feu et conserver au chaud.

- Remettre la poêle contenant le foie gras sur un feu moyen, verser le madère, le bouillon et porter rapidement à ébullition. Après 15 min, quand le liquide a réduit et est devenu sirupeux, retirer du feu et ajouter progressivement le beurre froid, pour le faire fondre.

- Disposer les tranches de pain grillé dans des assiettes, couvrir avec les tournedos, puis les tranches de foie gras. Garnir de truffes, napper de sauce et servir.

Beurre clarifié

- Couper le beurre en dés et mettre dans une casserole. Réchauffer à feu doux jusqu'à ce que les solides du lait se séparent du gras. Ne pas laisser brunir, car le goût en serait altéré.
- Écumer la surface. Verser soigneusement le liquide clarifié dans un bol, en jetant les résidus solides qui restent dans la casserole. Le beurre est maintenant prêt à utiliser.

Filet de bœuf à la mathurini

Cette recette me vient de mon ami Roger Verge, qui a pris sa retraite l'an dernier et a vendu son restaurant Moulin de Mougins, situé dans le sud de la France. Cette sauce à l'armagnac et aux raisins secs est excellente avec le bifteck grillé à la poêle. Roger suggère de l'accompagner d'épinards au beurre. Les galettes de pommes de terre et de maïs sont également délicieuses avec ce plat.

- 45 g (¼ tasse) de raisins secs
- 4 tournedos ou filets de 180 g (6 oz) chacun, sans gras
- Sel et poivre noir fraîchement moulu
- 1 c. à soupe de poivre noir grossièrement concassé
- 60 g (¼ tasse) de beurre non salé
- 2 c. à soupe d'huile végétale
- 3 c. à soupe d'armagnac ou de cognac
- 310 ml (1 ¼ tasse) de Bouillon de bœuf (voir p. 114)
- Épinards au beurre (facultatif)

- Faire cuire les raisins dans de l'eau bouillante 5 min, égoutter et réserver.
- Assaisonner les biftecks, puis les rouler dans le poivre concassé, en appuyant bien du plat de la main.
- Chauffer la moitié du beurre et l'huile dans une grande poêle à frire. Lorsque le beurre commence à mousser, faire griller les filets à feu moyen jusqu'au degré de cuisson désiré, en les retournant de temps en temps. Retirer de la poêle et laisser reposer (voir p. 11).

- Jeter le beurre qui reste dans la poêle. À l'écart de la chaleur, mettre les raisins et l'armagnac, et réduire sur feu doux. Verser le bouillon, porter à ébullition et réduire des deux tiers. Incorporer le reste du beurre au fouet et assaisonner au goût.
- Disposer une galette sur des épinards au beurre dans chaque assiette et couvrir d'un filet de bœuf. Napper de sauce à l'armagnac et servir.

Galettes de pommes de terre et de maïs

- 250 g (1 tasse) de pommes de terre, cuites et écrasées
- 180 g (1 tasse) de maïs en grains en conserve, égoutté
- 80 g (⅔ tasse) de chapelure de pain blanc fraîche
- 1 jaune d'œuf
- 2 c. à soupe d'huile d'olive

PRÉPARATION DES GALETTES

- Mettre les pommes de terre écrasées dans un bol et assaisonner au goût. Ajouter le maïs, la chapelure et le jaune d'œuf, et mélanger pour obtenir une pâte ferme. Façonner 4 boules de même taille, puis aplatir pour former des galettes d'environ 1,5 cm (½ po) d'épaisseur.
- Réchauffer l'huile dans une poêle à frire antiadhésive et faire dorer les galettes 2 à 3 min de chaque côté.

Voici un plat italien traditionnel dont je me délecte dès que j'en ai l'occasion.
La sauce s'apparente aux sauces à pizza. Ajoutez une tranche de mozzarella ou de
provolone sur la viande cuite, puis passez sous le gril 30 sec. Vous verrez, c'est succulent !

- Chauffer la moitié de l'huile dans une grande poêle à frire antiadhésive. Assaisonner les biftecks et les faire dorer jusqu'au degré de cuisson désiré. Retirer de la poêle et conserver au chaud.

- Faire revenir les oignons et l'ail dans l'huile restante 4 à 5 min, pour les attendrir. Ajouter les poivrons et les champignons, et poursuivre la cuisson 5 min.

- Incorporer les tomates, la purée de tomates, l'origan, et cuire encore 5 min.

- Verser le vin blanc, faire bouillir 2 min, ajouter le bouillon et laisser mijoter 10 min pour faire réduire la sauce. Disposer une tranche de fromage sur chaque bifteck et passer sous le gril, puis napper de sauce et servir.

- 2 c. à soupe d'huile d'olive
- 4 biftecks de surlonge de 180 g (6 oz) chacun
- Sel et poivre noir fraîchement moulu
- 1 oignon, émincé
- 2 gousses d'ail, écrasées
- 1 gros poivron rouge, coupé en deux, épépiné et en tranches
- 1 gros poivron jaune, coupé en deux, épépiné et en tranches
- 120 g (2 tasses) de champignons de Paris
- 4 tomates italiennes, pelées, épépinées et hachées
- 1 c. à café (1 c. à thé) de purée de tomates
- 1 c. à soupe d'origan frais, haché
- 4 c. à soupe de vin blanc sec
- 160 ml (⅔ tasse) de Bouillon de bœuf (voir p. 114)
- 4 tranches de mozzarella ou de provolone (facultatif)

Bifteck au poivre du Sichuan, riz au gingembre caramélisé
et légumes marinés

Ce plat coloré, à l'agréable goût frais, est rapide et facile à préparer. On peut également servir la viande en tranches froides sur du riz.

- 4 biftecks de surlonge de 180 g (6 oz) chacun, sans gras
- 3 c. à soupe de sauce soja légère
- 1 c. à soupe, plus 1 c. à café (1 c. à thé) de cassonade ou de sucre roux
- 2 c. à café (2 c. à thé) de cinq-épices
- 1 c. à soupe de poivre du Sichuan en grains
- 125 ml (½ tasse) d'huile de tournesol
- 2 œufs, légèrement battus
- 1 morceau de gingembre frais de 2,5 cm (1 po), haché
- 1 gousse d'ail, écrasée
- 180 g (6 oz) de shiitake, en tranches
- 480 g (1 lb) de riz à grain long, cuit
- 2 oignons verts, en lanières
- 1 c. à soupe de sauce soja
- Sel et poivre noir fraîchement moulu

Légumes marinés
- 125 ml (½ tasse) de vinaigre de vin de riz
- 2 c. à soupe de sucre
- 1 oignon, coupé en deux et émincé
- 1 carotte, râpée
- ¼ concombre, épépiné et coupé en lanières

- Mettre les biftecks dans un plat, ajouter la sauce soja légère, 1 c. à café (1 c. à thé) de cassonade, le cinq-épices et le poivre du Sichuan. Couvrir et laisser mariner 2 h à la température ambiante.

- Pour les légumes marinés, faire bouillir le vinaigre et le sucre 5 min, puis verser dans un bol. Ajouter les légumes, mélanger et laisser refroidir. Bien égoutter.

- Chauffer 80 ml (⅓ tasse) d'huile dans un wok ou une grande poêle à frire. Ajouter les œufs battus et remuer délicatement pour les brouiller, en les défaisant en lanières. Retirer de la poêle et réserver.

- Remettre la poêle sur le feu, ajouter le gingembre, l'ail et 1 c. à soupe de cassonade, et faire caraméliser 1 min.

- Ajouter les shiitake et cuire encore 1 min, ajouter le riz et faire sauter jusqu'à ce que le tout soit bien mélangé et légèrement caramélisé. Ajouter les oignons verts, la sauce soja et les œufs cuits. Bien mélanger et assaisonner au goût. Garder au chaud.

- Chauffer une poêle à frire et verser l'huile restante. Retirer les biftecks de la marinade, saler et faire griller 2 à 3 min de chaque côté, jusqu'à ce qu'ils soient saisis et dorés. Verser la marinade et glacer la viande. Poursuivre la cuisson 2 min, puis retirer du feu.

- Couper chaque bifteck en lanières, disposer sur du riz caramélisé et arroser de marinade. Garnir de légumes marinés et servir.

Escalope de bœuf au basilic et salade de roquette au parmesan

Le secret de ce mets à l'italienne réside dans sa simplicité.

- 8 biftecks minute de 90 g (3 oz) et de 5 mm (¼ po) d'épaisseur chacun
- 2 c. à soupe de sauce pesto
- Sel et poivre noir fraîchement moulu
- 2 œufs, battus
- 80 g (⅔ tasse) de chapelure de pain blanc fraîche
- 4 c. à soupe d'huile de tournesol
- 125 ml (½ tasse) d'huile d'olive
- 2 c. à soupe de vinaigre balsamique
- 1 oignon rouge, coupé en deux et émincé
- 1 gousse d'ail, écrasée
- 1 poivron rouge, épépiné, coupé en deux et émincé
- 8 tomates cerises, coupées en deux
- 150 g (6 tasses) de roquette
- 60 g (½ tasse) de parmesan, en copeaux
- Quartiers de citron, pour garnir

- Mettre les biftecks dans un plat, couvrir de sauce pesto, saler et poivrer. Verser les œufs battus, bien mélanger et laisser mariner 1 h à température ambiante. Retirer les biftecks de la marinade et les enrober de chapelure.
- Chauffer l'huile de tournesol dans une grande poêle à frire antiadhésive, faire griller les biftecks des deux côtés 3 à 4 min, pour qu'ils soient dorés et croustillants.

- Pendant ce temps, préparer la vinaigrette en mélangeant l'huile d'olive et le vinaigre.
- Mettre les oignons, l'ail, le poivron rouge, les tomates, la roquette et les copeaux de parmesan dans un bol, et assaisonner. Ajouter la vinaigrette juste avant de servir.
- Servir 2 biftecks par assiette, accompagnés de salade et de quartiers de citron.

Filet mignon, sauce aux anchois et aux olives noires

La combinaison anchois et bœuf peut surprendre, mais les Italiens et les Français y ont recours depuis toujours.
Les anchois enrichissent la sauce, mais prenez garde de ne pas trop en ajouter, car cela gâcherait le plat.

- 8 filets mignons de 90 g (3 oz) et de 1,5 cm (½ po) d'épaisseur chacun
- 1 c. à soupe d'huile d'olive
- ½ c. à café (½ c. à thé) de romarin
- ½ c. à café (½ c. à thé) de thym
- Sel et poivre noir fraîchement moulu
- 2 échalotes
- 1 gousse d'ail, écrasée
- 1 c. à soupe de filets d'anchois, hachés
- 425 g (1 ½ tasse) de tomates en conserve, hachées
- ¼ c. à café (¼ c. à thé) de zeste de citron
- 2 c. à soupe de vinaigre de vin rouge
- 2 c. à soupe de persil plat italien, haché
- 12 olives noires, dénoyautées

- Mettre les filets dans un bol, ajouter l'huile d'olive et les herbes, couvrir et laisser mariner 2 h à température ambiante.
- Chauffer une poêle à frire antiadhésive à feu vif. Retirer les filets de la marinade et les assaisonner. Faire dorer 2 min de chaque côté pour une cuisson saignante, ou jusqu'au degré de cuisson désiré. Retirer de la poêle et conserver au chaud.

- Dans la même poêle, faire revenir les échalotes et l'ail 1 min pour les attendrir, ajouter les anchois et cuire encore 30 sec. Incorporer les tomates, le zeste de citron et poursuivre la cuisson jusqu'à ce que la sauce épaississe. Verser le vinaigre, cuire 1 min, ajouter le persil et les olives. Assaisonner au goût.
- Servir les filets nappés de sauce.

Escalope de bœuf au basilic et salade
de roquette au parmesan

Escalope de bœuf, fontina et sauce à la sauge et au vinaigre balsamique

Escalope de bœuf, fontina et sauce à la sauge
et au vinaigre balsamique

Le vinaigre balsamique occupe une grande place dans nos habitudes culinaires depuis quelques années. On le retrouve partout : dans les sauces, les soupes et même les desserts. Sa saveur riche et sucrée donne du piquant aux plats tout en demeurant équilibrée. J'aime servir ce plat avec des pâtes au beurre, comme les tagliatelle.

- 8 filets mignons de 90 g (3 oz) chacun
- 4 c. à soupe d'huile d'olive
- 2 oignons rouges, émincés
- 2 filets d'anchois, rincés et hachés finement
- Sel et poivre noir fraîchement moulu
- 125 ml (½ tasse) de vinaigre balsamique
- 125 ml (½ tasse) de Bouillon de bœuf (voir p. 114)
- 6 feuilles de sauge, hachées
- 90 g (3 oz) de fontina, en tranches fines

- À l'aide d'un maillet de cuisine ou d'un rouleau à pâtisserie, aplatir légèrement les biftecks entre deux feuilles de pellicule plastique.
- Chauffer la moitié de l'huile dans une grande poêle à frire antiadhésive et faire dorer les oignons environ 10 min, jusqu'à ce qu'ils soient légèrement caramélisés. Ajouter les anchois, mélanger et poursuivre la cuisson 2 min. Réserver.
- Dans une autre grande poêle à frire antiadhésive, chauffer l'huile restante. Saler et poivrer les filets et les saisir 30 sec.

- Verser le vinaigre balsamique et le bouillon, ajouter la sauge et faire réduire pour obtenir une sauce épaisse et sirupeuse. Retourner les filets dans la sauce pour les glacer. Ajouter les oignons et les anchois, assaisonner et cuire encore 2 min.
- Disposer 2 filets dans chaque assiette et couvrir de tranches de fromage. Réchauffer la sauce, verser sur les biftecks et servir.

Sauté de bœuf au poivre noir, aux piments verts et aux oignons verts

Le poivre noir et les piments verts s'unissent pour donner un goût épicé à la viande. Cette recette est une adaptation d'un plat que j'ai goûté au cours d'un voyage à Singapour.

- 800 g (1 ⅔ lb) de bifteck de croupe, coupé en fines lanières
- 2 grosses gousses d'ail, écrasées
- ½ c. à café (½ c. à thé) de grains de poivre noir concassés
- 1 morceau de gingembre frais de 2,5 cm (1 po), râpé finement
- 2 c. à soupe de sauce soja foncée
- 125 ml (½ tasse) de xérès
- 2 c. à café (2 c. à thé) de cassonade ou de sucre roux
- 2 c. à soupe d'huile de tournesol
- 1 c. à soupe d'huile de sésame
- 12 petits piments verts, épépinés et coupés en deux sur la longueur
- 6 oignons verts, en morceaux de 5 cm (2 po)

- Mettre la viande dans un bol, ajouter l'ail, le poivre, le gingembre, la sauce soja, le xérès et la cassonade. Bien mélanger et laisser mariner 1 h à température ambiante.
- Réchauffer l'huile de tournesol et l'huile de sésame dans une grande poêle à frire ou un wok, et faire sauter les piments et les oignons verts 2 à 3 min. Ajouter la viande et sa marinade, et faire sauter 3 à 4 min. Remuer et servir.

Bifteck de croupe farci au bleu et confiture de céleri

L'association du bœuf et du fromage bleu est une combinaison gagnante. La riche complexité de la viande est mise en valeur par le goût piquant du fromage. Le cashel blue irlandais, doux et crémeux, est un choix idéal, mais tout autre fromage bleu, comme le stilton ou le yorkshire, peut convenir. Ce plat est excellent avec des bettes ou des épinards au beurre.

- 4 biftecks de croupe de 210 g (7 oz) et de 2,5 cm (1 po) d'épaisseur chacun
- 150 g (5 oz) de cashel blue
- 1 c. à soupe de beurre non salé
- 1 c. à soupe de crème fraîche épaisse
- 2 c. à soupe de noix hachées

- Sel et poivre noir fraîchement moulu
- 2 c. à soupe d'huile de tournesol
- 125 ml (½ tasse) de porto
- 160 ml (⅔ tasse) de Bouillon de bœuf (voir p. 114)
- Thym frais, pour garnir

- À l'aide d'un petit couteau bien affûté, pratiquer une entaille sur le côté de chaque bifteck de manière à créer une pochette, sans percer la viande de part en part.

- Écraser le fromage et le beurre dans un bol pour obtenir une pâte, ajouter la crème et les noix, puis saler et poivrer.

- Ouvrir délicatement chaque pochette et la farcir du mélange au fromage, en l'enfonçant bien dans la viande. Refermer l'ouverture avec un bâtonnet à cocktail et réfrigérer durant 1 h.

- Pour préparer la confiture, chauffer le beurre dans une casserole et faire revenir les oignons et le céleri 4 à 5 min, pour les attendrir. Ajouter le thym et la cassonade, et faire caraméliser 5 min à feu moyen. Verser le vin et le vinaigre, et faire mijoter doucement 10 à 12 min, jusqu'à ce que le liquide soit évaporé et que les légumes soient tendres et collants. Incorporer la gelée de groseille, assaisonner et conserver au chaud.

- Réchauffer l'huile dans une poêle à frire antiadhésive. Poivrer et saler légèrement les biftecks (le cashel est très salé). Faire dorer de tous côtés jusqu'au degré de cuisson désiré. Retirer de la poêle et conserver au chaud.

- Retirer tout le gras de la poêle, verser le porto et le bouillon, et porter à ébullition. Faire réduire de moitié, jusqu'à ce que la sauce soit assez épaisse pour napper le dos d'une cuillère. Assaisonner.

- Disposer une bonne cuillerée de confiture sur chaque bifteck, napper de sauce, garnir de thym frais et servir. Des épinards au beurre ou des bettes à cardes peuvent être un bon accompagnement.

Confiture

- 2 c. à soupe de beurre non salé
- 2 oignons rouges, coupés en deux et émincés
- ½ pied de céleri, pelé et émincé
- ½ c. à café (½ c. à thé) de feuilles de thym
- 1 c. à soupe de cassonade ou de sucre roux
- 250 ml (1 tasse) de vin rouge
- 60 ml (¼ tasse) de vinaigre de vin rouge
- 1 c. à soupe de gelée de groseille

Bœuf serundeng

Cette adaptation moderne d'un classique indonésien demande une cuisson rapide pour conserver les saveurs. Le galanga, qu'on peut se procurer dans les magasins thaïlandais, est une racine au goût de camphre, de la famille du gingembre.

- 6 c. à soupe d'huile de tournesol
- 2 échalotes, hachées finement
- 1 morceau de galanga ou de gingembre de 2,5 cm (1 po), haché finement
- 1 gousse d'ail, écrasée
- 2 tiges de citronnelle, hachées finement (partie blanche seulement)
- 3 c. à soupe de sauce chili sucrée
- 2 feuilles de citron vert
- 80 g (⅔ tasse) de noix de coco séchée non sucrée
- ½ c. à café (½ c. à thé) de curcuma
- 390 g (12 oz) de surlonge, sans gras, en tranches de 5 mm (¼ po) d'épaisseur
- Sel et poivre noir fraîchement moulu
- 1 c. à café (1 c. à thé) de coriandre moulue
- 1 c. à soupe de cassonade ou de sucre roux
- 175 ml (¾ tasse) de lait de coco

- Chauffer la moitié de l'huile dans un wok ou une poêle à frire, et faire dorer les échalotes, le galanga, l'ail et la citronnelle. Ajouter la sauce chili et les feuilles de citron vert, et poursuivre la cuisson 2 min. Ajouter la noix de coco, le curcuma et cuire 1 min, puis retirer du feu et réserver.

- Chauffer l'huile restante dans un autre wok ou poêle à frire, assaisonner les biftecks de sel, de poivre et de coriandre, et faire dorer 2 à 3 min, jusqu'à ce qu'ils soient presque cuits. Retirer du wok et conserver au chaud.

- Faire légèrement caraméliser la cassonade dans le wok, ajouter le lait de coco et le contenu du premier wok et porter à ébullition.

- Remettre le bœuf dans la sauce et servir avec du riz vapeur.

4 portions

Ce plat évoque plusieurs souvenirs pour moi. Je l'ai préparé la première fois lorsque je suivais ma formation. Il est simple, rapide et légèrement épicé. Vous prendrez plaisir à le servir maintes et maintes fois, accompagné de nouilles au beurre.

- Assaisonner la viande de sel, de poivre et de 2 c. à soupe de paprika.
- Chauffer l'huile dans une grande poêle à frire et faire dorer la viande 3 à 4 min. Retirer de la poêle et conserver au chaud.
- Faire revenir les échalotes et les cornichons dans la poêle 1 min. Verser le vin et le vinaigre, faire bouillir 2 min, ajouter les champignons, la crème, le bouillon et le zeste de citron. Poursuivre la cuisson jusqu'à ce que la sauce soit assez épaisse pour napper le dos d'une cuillère. Incorporer la moutarde et le reste du paprika, et rectifier l'assaisonnement.
- Réchauffer le bœuf dans la sauce 1 min et servir.

- 800 g (1 ¾ lb) de queue de filet, en lanières d'environ 5 cm (2 po)
- Sel et poivre noir fraîchement moulu
- 3 c. à soupe de paprika hongrois
- 2 c. à soupe d'huile de tournesol
- 1 échalote, hachée finement
- 8 petits cornichons, rincés et coupés en lanières
- 125 ml (½ tasse) de vin blanc
- 2 c. à soupe de vinaigre de vin blanc

- 180 g (3 tasses) de champignons de Paris, émincés
- 160 ml (⅔ tasse) de crème sure ou de crème fraîche
- 125 ml (½ tasse) de Bouillon de bœuf (voir p. 114)
- ¼ c. à café (¼ c. à thé) de zeste de citron râpé
- ¼ c. à café (¼ c. à thé) de moutarde de Dijon

Bifteck Diane style rétro

J'ai entendu autant d'histoires sur les origines de ce plat que de variantes dans sa préparation. Dans l'espoir de plaire à tous, voici la recette que je prépare depuis des années avec grand succès.

- 4 biftecks minute de 180 g (6 oz), sans gras et aplatis
- Sel et poivre noir fraîchement moulu
- 2 c. soupe de beurre clarifié (voir p. 39)
- 4 échalotes cuivrées, pelées et émincées
- 180 g (3 tasses) de champignons de Paris, en tranches
- 2 c. à soupe de cognac
- 1 c. à soupe de moutarde de Dijon
- 2 c. à soupe de sauce Worcestershire
- 175 ml (¾ tasse) de Bouillon de bœuf (voir p. 114)
- Le jus de ¼ citron
- 1 c. à soupe de persil plat italien, haché
- ½ c. à soupe d'estragon, haché
- ½ c. à soupe de beurre non salé, refroidi et coupé en petits dés

- Saler et poivrer les biftecks. Chauffer le beurre clarifié dans une grande poêle à frire antiadhésive et faire dorer 2 biftecks à la fois à feu vif, 1 min de chaque côté pour une cuisson mi-saignante, ou plus longtemps si désiré. Réchauffer la poêle et faire cuire les autres biftecks de la même façon. Conserver au chaud pendant la préparation de la sauce.

- Faire revenir les échalotes et les champignons dans la poêle 4 à 5 min, pour les attendrir et les colorer. Verser le cognac et poursuivre la cuisson 30 sec. Ajouter la moutarde, la sauce Worcestershire, le bouillon et faire réduire de moitié jusqu'à ce que la sauce soit assez épaisse pour napper le dos d'une cuillère.

- Incorporer le jus de citron, les herbes et le beurre, saler et poivrer. Verser la sauce sur les biftecks et servir.

4 portions

Ces petits rouleaux, que les Italiens appellent involtini, sont farcis d'un savoureux mélange de fromage, d'ail et de zeste de citron, puis nappés d'une sauce crémeuse au parmesan.

- À l'aide d'un maillet de cuisine ou d'un rouleau à pâtisserie, battre légèrement les filets mignons entre deux feuilles de pellicule plastique.
- Mélanger le basilic, le zeste de citron et l'ail dans un bol, puis en disposer des cuillerées sur la viande. Ajouter un bâtonnet de fromage sur chaque filet et le rouler délicatement en le fixant avec un bâtonnet à cocktail.
- Réchauffer l'huile dans une casserole ou un plat à gratin, et faire dorer les rouleaux de tous côtés.
- Verser le vin et poursuivre la cuisson 2 min. Verser la crème, diminuer la chaleur, couvrir et cuire 6 à 8 min. Retirer les filets de la casserole, enlever les bâtonnets à cocktail et garder au chaud.
- Incorporer le parmesan à la sauce à l'aide d'un fouet et assaisonner au goût. Verser sur les rouleaux et servir.

- 8 filets mignons de 90 g (3 oz) chacun
- 21 g (¾ tasse) de feuilles de basilic, hachées grossièrement
- ½ c. à café (½ c. à thé) de zeste de citron râpé
- 1 gousse d'ail, écrasée
- 150 g (5 oz) de parmigiano reggiano, coupé en 8 bâtonnets de 5 mm (¼ po) d'épaisseur
- 2 c. à soupe d'huile d'olive
- 4 c. à soupe de vin rouge
- 125 ml (½ tasse) de crème fraîche épaisse
- 30 g (¼ tasse) de parmigiano reggiano, râpé finement
- Sel et poivre noir fraîchement moulu

Bifteck de côte rôti à la poêle, en croûte d'herbes et de poivre vert

Bifteck de côte rôti à la poêle, en croûte d'herbes et de poivre vert

Cette croûte d'herbes et de poivre vert donne une merveilleuse texture au rôti, alors que l'intérieur demeure tendre et juteux.

- 1 c. à soupe d'huile d'olive
- 2 c. à soupe de beurre non salé
- 800 g (1 ⅔ lb) de bifteck de côte (avec l'os)
- Sel et poivre noir fraîchement moulu
- 2 c. à soupe de grains de poivre vert en saumure, égouttés
- 2 c. à café (2 c. à thé) de moutarde de Dijon
- 2 c. à soupe d'herbes fraîches mélangées (persil, estragon, cerfeuil, ciboulette), hachées
- 1 blanc d'œuf
- 30 g (¼ tasse) de chapelure de pain blanc fraîche

- Préchauffer le four à 220 °C (425 °F). Dans une poêle à frire allant au four, chauffer l'huile et le beurre.
- Saler et poivrer généreusement la viande et la faire dorer sur toutes les faces. Retirer de la poêle.
- Dans un bol, écraser le poivre vert et mélanger avec la moutarde et les herbes hachées. Battre l'œuf à l'aide d'un fouet jusqu'à consistance ferme, puis incorporer au mélange d'herbes. Étendre une épaisse couche de ce mélange sur la viande et parsemer de chapelure.

- Chauffer la poêle à frire, ajouter le bœuf et l'arroser avec le gras de la poêle. Mettre au four 10 à 12 min pour une cuisson saignante, ou plus longtemps si désiré, afin que le bœuf soit couvert d'une croûte. Sortir du four et laisser reposer avant de couper en tranches épaisses.

Bifteck de côte au vinaigre vieux, aux échalotes et aux herbes

Un bifteck de côte épais et juteux, pour deux personnes. D'abord cuit avec l'os dans le beurre et les herbes, il est ensuite nappé d'une succulente sauce vinaigrée. Comme accompagnement, je recommande des pommes de terre nouvelles rôties et des légumes verts, comme du brocoli pourpre.

- 800 g (1 ⅔ lb) de bifteck de côte (avec l'os)
- Sel et poivre noir fraîchement moulu
- 1 c. à café (1 c. à thé) de thym frais
- 60 ml (¼ tasse) d'huile végétale
- 60 g (¼ tasse) de beurre non salé
- 4 échalotes, hachées finement
- 125 ml (½ tasse) de vinaigre vieux de vin rouge
- 80 ml (⅓ tasse) de vin rouge
- 160 ml (⅔ tasse) de Bouillon de bœuf (voir p. 114)
- 1 c. à soupe de persil plat italien, haché
- ½ c. à café (½ c. à thé) de moutarde de Dijon

- Préchauffer le four à 220 °C (425 °F). Saler et poivrer généreusement la viande, puis la frotter de tous côtés avec le thym. Laisser reposer 30 min.
- Chauffer l'huile dans une poêle à frire à fond épais et allant au four. Saisir le bœuf sur toutes les faces.
- Ajouter la moitié du beurre, mettre la poêle au four et faire cuire 5 à 10 min de chaque côté, selon l'épaisseur de la viande et le degré de cuisson désiré. Arroser la viande durant la cuisson, en s'assurant que le beurre ne brûle pas.

- Retirer du four et laisser reposer au chaud (voir p. 11).
- Retirer le gras de la poêle, ajouter le reste du beurre et faire revenir les échalotes 2 à 3 min pour les attendrir, sans les colorer. Verser le vinaigre, le vin, le bouillon et poursuivre la cuisson 5 min. Ajouter le persil, la moutarde, saler et poivrer.
- Couper en tranches épaisses sur la longueur et disposer sur un plat de service. Napper de sauce ou la servir séparément.

Bifteck de côte au vinaigre vieux, aux échalotes et aux herbes

Côte de bœuf rôtie et poudings du Yorkshire au thym

Une côte de bœuf rôtie est réussie quand elle est croustillante à l'extérieur tout en demeurant tendre et juteuse à l'intérieur. L'ajout d'un peu de porto ou de xérès au jus de cuisson permet d'obtenir une excellente sauce.

- **2 kg (4 ½ lb) de côte de bœuf**
- **Sel et poivre noir fraîchement moulu**
- **125 ml (½ tasse) d'huile d'olive**

Poudings du Yorkshire au thym

- **250 g (1 ⅔ tasse) de farine tout usage ou à levure**
- **1 pincée de sel**
- **2 gros œufs**
- **250 ml (1 tasse) de lait entier**
- **1 c. à café (1 c. à thé) de feuilles de thym**
- **Sel et poivre noir fraîchement moulu**
- **Un peu d'huile ou de graisse de rôti**

- Mélanger la farine et le sel dans un bol, ajouter les œufs. À l'aide d'un batteur électrique, incorporer les œufs à vitesse réduite, puis augmenter la vitesse et battre jusqu'à l'obtention d'une pâte ferme. Verser un peu de lait et fouetter jusqu'à consistance lisse.
- Ajouter le reste du lait, 250 ml (1 tasse) d'eau, le thym, saler et poivrer. Laisser reposer une heure.
- Chauffer un peu d'huile dans un moule à muffins et mettre au four. Lorsque l'huile est fumante, remplir chaque cavité aux trois quarts de pâte. Mettre au four 20 à 25 min, jusqu'à ce que la pâte ait levé et soit croustillante. Sortir du four et servir aussitôt avec le rôti.

- Préchauffer le four à 220 °C (425 °F). Frotter généreusement la viande avec du sel et du poivre. Chauffer l'huile dans une grande plaque à rôtir, ajouter le bœuf et le faire dorer sur toutes les faces. Mettre au four 1 h 20 pour une cuisson mi-saignante, ou jusqu'au degré de cuisson désiré.
- Retirer le bœuf de la plaque à rôtir et laisser reposer au chaud, couvert de papier d'aluminium.
- Retirer le gras de la plaque (en le réservant pour la cuisson de pommes de terre, bien sûr!), verser le bouillon et dégager tout résidu adhérant au fond. Laisser mijoter 5 min et ajouter la gelée de groseille.

- Délayer la fécule de maïs dans le porto et l'incorporer au fouet, pour épaissir la sauce. Assaisonner au goût et filtrer dans une saucière.
- Servir la viande avec la sauce et les poudings du Yorkshire (voir ci-contre).

Sauce
- 410 ml (1 ⅔ tasse) de Bouillon de bœuf (voir p. 114)
- 1 c. à soupe de gelée de groseille
- 2 c. à soupe de fécule de maïs
- 125 ml (½ tasse) de porto ou de xérès

Côte de bœuf roulée farcie aux noix, aux bolets et aux raisins secs

Pour ce plat, tous les os ont été enlevés de la côte par le boucher, ce qui la rend plus facile à découper. Le fait de laisser la viande reposer procure également un meilleur rendement et facilite le découpage.

- Égoutter les bolets et les hacher finement, en réservant le liquide de trempage.
- Chauffer une grande poêle à frire et cuire le bacon jusqu'à ce qu'il soit croustillant. Ajouter 60 g (¼ tasse) de beurre à la poêle et faire revenir les oignons, l'ail et les champignons plats à feu vif, pour les attendrir et les colorer.
- Ajouter les bolets, les raisins secs, les noix, la chapelure et le zeste de citron. Bien mélanger et poursuivre la cuisson 2 à 3 min. Verser le liquide de trempage des bolets, ajouter le persil, saler et poivrer. Transférer dans un bol et laisser refroidir.
- Préchauffer le four à 200 °C (400 °F). À l'aide d'un couteau bien affûté, pratiquer une entaille le long de la pièce de viande, sur le dessus, en appuyant jusqu'au centre. Ouvrir soigneusement et assaisonner généreusement à l'intérieur.
- Mettre la farce dans l'ouverture, en la compressant bien. Refermer et attacher solidement avec de la ficelle à intervalles de 5 cm (2 po). Assaisonner l'extérieur du rôti.
- Chauffer l'huile dans une grande plaque à rôtir, faire dorer le bœuf sur toutes les faces, 5 à 6 min. Mettre au four 1 h 45 pour une cuisson saignante, ou plus longtemps si désiré. Retirer de la plaque, couvrir de papier d'aluminium et conserver au chaud.
- Enlever le gras de la plaque, ajouter le madère et le bouillon. Faire bouillir 6 à 8 min, en dégageant tout résidu adhérant au fond. Épaissir la sauce en incorporant le reste du beurre et la fécule de maïs au fouet. Faire cuire 1 min, puis filtrer. Découper la viande et servir avec la sauce.

- 1 c. à soupe de bolets séchés, ayant trempé 20 min dans 175 ml (¾ tasse) d'eau chaude, et l'eau de trempage
- 120 g (4 oz) de bacon, haché
- 80 g (⅓ tasse) de beurre non salé
- 1 oignon, haché finement
- 1 gousse d'ail, écrasée
- 360 g (6 tasses) de champignons plats, hachés
- 60 g (⅓ tasse) de raisins secs
- 75 g (¾ tasse) de noix hachées
- 120 g (1 tasse) de chapelure de pain blanc fraîche
- Le zeste de ¼ citron
- 3 c. à soupe de persil plat italien, haché
- Sel et poivre noir fraîchement moulu
- 4 kg (9 lb) de côte de bœuf désossée
- 2 c. à soupe d'huile de tournesol
- 125 ml (½ tasse) de madère
- 625 ml (2½ tasses) de Bouillon de bœuf (voir p. 114)
- 2 c. à soupe de fécule de maïs délayée dans 2 c. à soupe de madère

Filet farci au pecorino et au pesto de romarin

Le fait de farcir une pièce de viande assure toujours une belle présentation. Ce plat d'origine italienne est une réussite à tout coup.

- 1 kg (2 lb) de filet
- Sel et poivre noir fraîchement moulu
- 90 g (3 oz) de pecorino, en bâtonnets de 1,5 cm (½ po)
- 240 g (8 oz) de jambon de Parme, en tranches minces
- 2 c. à soupe d'huile de tournesol

Pesto
2 c. à soupe de romarin, haché
20 feuilles de basilic
2 gousses d'ail, écrasées
6 c. à soupe d'huile d'olive
2 c. à soupe de parmesan râpé

- Pour le pesto, mettre les herbes, l'ail et l'huile d'olive dans un mélangeur et réduire en purée grossière. Transvaser dans un bol, incorporer le parmesan et assaisonner légèrement. Réserver 80 ml (⅓ tasse) et réfrigérer le reste.
- Mettre le filet sur une surface de travail. À l'aide d'un couteau bien affûté, pratiquer une entaille le long de la pièce de viande, à une profondeur d'environ 5 cm (2 po), en laissant 2,5 cm (1 po) à chaque extrémité. Ouvrir pour former une profonde pochette et assaisonner l'intérieur.
- Mettre la moitié du pesto dans la pochette et l'étendre sur toute la longueur du filet. Mettre les bâtonnets de fromage sur le pesto, puis étendre le reste du pesto sur le dessus en appuyant légèrement. Refermer l'ouverture et entourer le filet de tranches de jambon, en le couvrant entièrement.
- Ficeler et réfrigérer 1 h.
- Préchauffer le four à 200 °C (400 °F). Chauffer l'huile dans une plaque à rôtir et faire dorer le filet sur toutes les faces. Mettre au four 40 min pour une cuisson saignante, ou plus longtemps si désiré. Laisser reposer avant de découper.

Rosbif, yogourt à l'aneth et relish aux canneberges et aux betteraves

Ce plat simple et élégant, idéal pour recevoir, se prépare rapidement, se découpe facilement et peut être garni de différentes sauces ou relishs.
N'importe quelle sauce figurant aux pages 116 à 118 peut convenir, bien que cette relish aigre-douce soit l'une de mes préférées.
Servez ce rosbif à la température ambiante par une chaude journée d'été, accompagné de pommes de terre nouvelles et de pois mange-tout.

- Préchauffer le four à 240 °C (475 °F). Bien ficeler le filet, à intervalles de 2,5 cm (1 po).
- Chauffer l'huile dans une plaque à rôtir, assaisonner le filet et le faire dorer sur toutes les faces. Mettre au four 16 à 18 min pour une cuisson saignante, ou plus longtemps si désiré. Retirer du four et laisser refroidir à température ambiante.

- Mélanger tous les ingrédients du yogourt à l'aneth dans un bol, saler et poivrer.
- Couper le bœuf en tranches et servir, accompagné de la relish et du yogourt.

- **Un filet de 800 g (1 ⅔ lb) paré**
- **2 c. à soupe d'huile de tournesol**
- **Sel et poivre noir fraîchement moulu**
- **Relish aux canneberges et aux betteraves (voir p. 116)**

Yogourt à l'aneth
- **125 g (½ tasse) de yogourt nature ferme**
- **2 c. à soupe de sauce au raifort**
- **½ c. à café (½ c. à thé) de moutarde de Dijon**
- **2 c. à soupe d'aneth, haché**

Bavette cajun au beurre à l'ail

Bien qu'on puisse se procurer des mélanges d'épices cajuns préparés dans les épiceries fines, je les trouve parfois décevants. Je préfère donc préparer mon propre mélange.

- 1,5 kg (3 ½ lb) de bavette
- 2 c. à café (2 c. à thé) de sel d'ail
- 1 c. à café (1 c. à thé) de poudre d'ail
- 2 c. à café (2 c. à thé) de piment de Cayenne
- 1 c. à café (1 c. à thé) de paprika
- 1 c. à café (1 c. à thé) de poivre blanc moulu
- 1 c. à café (1 c. à thé) de poivre noir concassé
- 1 c. à café (1 c. à thé) de thym séché
- 1 c. à café (1 c. à thé) d'origan séché
- 2. c. à soupe d'huile d'olive

- Pratiquer une entaille sur le côté de la bavette, sans la percer de part en part, puis l'ouvrir. Placer entre deux feuilles de pellicule plastique et battre légèrement à l'aide d'un maillet de cuisine ou d'un rouleau à pâtisserie pour l'aplatir à environ 1,5 cm (½ po) d'épaisseur. À l'aide d'un petit couteau, pratiquer de petites incisions sur le dessus pour permettre aux épices de pénétrer.
- Mélanger toutes les épices dans un bol et les frotter sur toute la surface de la viande avec l'huile d'olive. Laisser mariner dans un plat 1 h, à température ambiante.
- Préchauffer le four à la température la plus élevée. Retirer le bœuf du plat et le rouler solidement en l'attachant avec de la ficelle à intervalles de 2,5 cm (1 po).

- Chauffer une grande poêle à frire sur la cuisinière, puis brunir le bœuf sur les 2 faces. Cela produira beaucoup de fumée, et il faut donc bien ventiler ou couvrir la poêle.
- Mettre au four 10 à 12 min, ou plus longtemps si désiré. Retirer du four et laisser reposer 5 min.
- Chauffer une poêle à frire et ajouter le beurre. Une fois le beurre fumant, faire revenir l'ail et le persil jusqu'à l'obtention d'une teinte et d'un parfum de noisette. Verser la sauce Worcestershire. Pour servir, enlever la ficelle du bœuf, découper en tranches épaisses et arroser de beurre à l'ail.

Beurre à l'ail
- 60 g (¼ tasse) de beurre non salé
- 2 gousses d'ail, écrasées
- 1 c. à soupe de persil plat italien, haché
- 2 c. à soupe de sauce Worcestershire

6 portions

J'utilise toujours un milieu de filet pour cette recette, afin d'avoir une cuisson uniforme. Les Anglais affirment que le bœuf Wellington est une création britannique, alors que les Français s'en attribuent la paternité et l'appellent bœuf en croûte. Peu importe son origine, il s'agit d'un plat classique qu'on peut servir avec fierté lors d'une réception.

- Préchauffer le four à 190 °C (375 °F). Chauffer le beurre dans une poêle à frire et faire revenir les échalotes à feu moyen 2 à 3 min, pour les attendrir. Augmenter la chaleur et ajouter les champignons. Poursuivre la cuisson 5 min, verser le vin blanc et faire bouillir 2 min. Ajouter la chapelure, saler et poivrer. Mettre le tout dans un robot de cuisine et hacher grossièrement, puis laisser refroidir.

- Chauffer l'huile dans une poêle à frire, assaisonner la viande et la faire dorer sur toutes les faces.

- Rouler la pâte de façon à former un rectangle assez grand pour couvrir entièrement le filet. Tailler les bords et les conserver pour décorer. Étendre le mélange aux champignons sur la pâte, en laissant une bordure de 2,5 cm (1 po) tout autour. Badigeonner la bordure avec un peu d'œuf battu.

- Disposer le filet sur la pâte et l'envelopper soigneusement, en pinçant les bords pour sceller et en rabattant les extrémités dessous. Mettre sur une plaque à rôtir, bordure vers le bas, et badigeonner généreu-sement d'œuf battu. Utiliser les retailles de pâte pour décorer le dessus de lanières entrecroisées, puis badigeonner d'œuf battu.

- Mettre au four 30 à 35 min pour une cuisson mi-saignante, ou jusqu'au degré de cuisson désiré. Sortir du four et laisser reposer 5 min sur une planche à découper.

- Faire bouillir le madère et le bouillon pour les faire réduire presque de moitié. Épaissir avec la fécule d'arrow-root délayée, assaisonner et servir avec le bœuf.

- 60 g (¼ tasse) de beurre non salé
- 3 échalotes, pelées et hachées finement
- 240 g (4 tasses) de champignons noirs plats, hachés finement
- 125 ml (½ tasse) de vin blanc sec
- 60 g (½ tasse) de chapelure de pain blanc fraîche
- Sel et poivre noir fraîchement moulu
- 2 c. à soupe d'huile de tournesol
- 1 kg (2 lb) de milieu de filet
- 600 g (1 ¼ lb) de pâte feuilletée
- Œuf battu, pour dorer
- 160 ml (⅔ tasse) de madère
- 125 ml (½ tasse) de Bouillon de bœuf (voir p. 114)
- 1 c. à café (1 c. à thé) de fécule d'arrow-root délayée dans 1 c. à café (1 c. à thé) de madère

Filet noirci au poivre

Voici une intéressante recette qui vient d'un de mes amis, le chef texan Dean Fearing.
Le bœuf est mariné dans la mélasse, le poivre noir et différentes herbes, ce qui lui confère
une coloration noire et une merveilleuse saveur. Dean coupe habituellement le filet
en biftecks avant la cuisson, alors que je le fais rôtir entier. Les deux méthodes donnent d'excellents résultats.
Servez ce filet de bœuf avec une purée de patates douces, des oignons rôtis et des champignons.

Sauce
- 2 c. à soupe de vinaigre de vin blanc
- 250 ml (1 tasse) de Bouillon de bœuf (voir p. 114)
- 3 c. à soupe de marinade réservée

- 1 kg (2 lb) de milieu de filet, sans gras
- 175 ml (¾ tasse) de mélasse
- 2 c. à soupe de vinaigre balsamique
- 2 c. à soupe de poivre noir grossièrement concassé
- 2 gousses d'ail, écrasées
- 1 morceau de gingembre frais de 5 cm (2 po), râpé
- 1 c. à café (1 c. à thé) de feuilles de thym
- 1 c. à café (1 c. à thé) de flocons de chili
- 2 c. à soupe d'huile de tournesol

- Mettre le filet dans un grand plat. Dans un bol, mélanger la mélasse, le vinaigre, le poivre et le reste des ingrédients, à l'exception de l'huile. Verser ce mélange sur le bœuf pour bien l'enrober, couvrir d'une pellicule plastique et réfrigérer 24 h, en le tournant de temps à autre.
- Préchauffer le four à 200 °C (400 °F). Retirer la viande de la marinade, en réservant cette dernière. Chauffer l'huile dans une plaque à rôtir et faire dorer le filet sur toutes les faces de 3 à 4 min.

- Mettre au four 30 min pour une cuisson saignante, ou plus longtemps si désiré. Sortir du four et laisser reposer au chaud.
- Remettre la plaque à rôtir sur le feu, verser le vinaigre et faire bouillir 2 min, en dégageant tout résidu adhérant au fond. Ajouter le bouillon et 3 c. à soupe de marinade, et laisser mijoter 8 à 10 min.
- Couper le bœuf en tranches épaisses et servir avec la sauce.

Bifteck de hampe marchand de vin

Cuite adéquatement, la hampe est la plus savoureuse partie du bœuf, bien qu'elle ne soit pas aussi populaire
et appréciée que d'autres coupes. Elle doit toutefois être saignante pour être à son meilleur.

- 1 kg (2 lb) de bifteck de hampe
- Sel et poivre noir fraîchement moulu
- 2 c. à soupe d'huile d'olive
- 1 petit bouquet de thym frais
- 2 c. à soupe de beurre non salé
- 4 échalotes, hachées finement
- 500 ml (2 tasses) de vin rouge
- 160 ml (⅔ tasse) de Bouillon de bœuf (voir p. 114)

- Préchauffer le four à 230 °C (450 °F). Assaisonner généreusement le bifteck.
- Chauffer l'huile d'olive dans une plaque à rôtir et faire dorer le bœuf sur toutes les faces. Couvrir de la moitié du thym. Mettre au four 8 à 10 min pour une cuisson saignante, ou plus longtemps si désiré. Sortir du four et laisser reposer 10 min, au chaud.
- Chauffer la moitié du beurre dans une casserole, faire revenir les échalotes et le thym restant 2 min, pour attendrir.

- Verser le vin et porter rapidement à ébullition. Faire réduire de moitié, jusqu'à ce que le vin prenne une consistance sirupeuse. Ajouter le bouillon, porter à ébullition et faire de nouveau réduire de moitié. Retirer le thym de la sauce et incorporer le beurre restant au fouet.
- Couper le bifteck en biais et servir nappé de sauce.

Chateaubriand rôti au sel et aux herbes

Malgré ce qu'on pourrait croire, la viande cuite de cette façon n'est pas salée, mais tendre et juteuse. Brisez la croûte à table pour impressionner vos invités. Assurez-vous d'utiliser du gros sel de qualité, comme le sel de mer Maldon.

- 450 g (3 tasses) de farine tout usage
- 95 g (⅓ tasse) de gros sel de mer
- 1 gros œuf
- 175 ml (¾ tasse) d'eau glacée
- 2 chateaubriands de 480 g (1 lb) chacun
- Sel et poivre noir fraîchement moulu
- 2 c. à soupe d'huile de tournesol
- 45 g (1 ½ tasse) d'herbes fraîches mélangées (romarin, thym, sauge, origan, persil), hachées finement
- Œuf battu, pour dorer

- Préchauffer le four à 200 °C (400 °F). Mélanger la farine et le sel dans un bol, creuser un puits au centre, ajouter l'œuf, l'eau glacée et pétrir pour former une pâte. Envelopper de pellicule plastique et réfrigérer 30 min.
- Assaisonner les biftecks, rouler dans l'huile et dans les herbes.
- Chauffer une poêle à frire et faire dorer le bœuf sur toutes les faces, environ 5 min. Laisser refroidir 10 min.
- Rouler la pâte sur une surface enfarinée de façon à obtenir deux carrés de 20 cm (8 po) de côté. Mettre un chateaubriand au centre de chaque carré de pâte et l'envelopper complètement. Pincer les bords pour sceller, puis badigeonner d'œuf battu. Disposer sur une plaque à rôtir, la bordure vers le haut. Mettre au four 18 à 20 min pour une cuisson saignante, ou plus longtemps si désiré. Sortir du four et laisser reposer 10 min.
- Briser la croûte, retirer le filet, couper en grosses tranches et servir.

6 à 8 portions

Le mot méchoui, qui vient d'Afrique du Nord, désigne aujourd'hui l'agneau entier, rôti à la broche sur les braises d'un feu de bois. Nous utilisons ici de la croupe de bœuf, couverte d'une pâte épicée avant d'être lentement rôtie jusqu'à ce qu'elle soit assez tendre pour qu'on puisse la défaire avec les doigts.

- 1,4 kg (3 lb) de croupe de bœuf, avec son gras
- 4 c. à soupe d'huile d'olive
- 180 g (6 oz) de beurre non salé, ramolli
- 3 gousses d'ail, écrasées
- 2 c. à café (2 c. à thé) de paprika
- 3 c. à café (3 c. à thé) de cumin
- 1 c. à café (1 c. à thé) de flocons de chili
- Sel
- Une pincée de cannelle
- Une pincée de curcuma

- À l'aide d'un couteau bien affûté, pratiquer de petites incisions sur la pièce de viande à intervalles de 5 cm (2 po), puis la mettre dans un plat allant un four.
- Réduire le reste des ingrédients en pâte et la faire pénétrer dans les incisions, avant de l'étendre sur toute la surface. Couvrir et laisser dans un endroit frais de 6 à 8 h, en tournant de temps à autre. Préchauffer le four à 240 °C (475 °F).
- Mettre au four 15 min pour saisir la viande, ajouter 625 ml (2 ½ tasses) d'eau, puis réduire la chaleur à 180 °C (350 °F). Faire cuire pour une durée maximale de 3 h, en retournant souvent le rôti. La viande devrait être assez tendre pour qu'elle se défasse avec les doigts. Transvaser dans un plat et laisser reposer 10 min.
- Servir à la marocaine, avec du pain chaud et un mélange de 1 c. à soupe de cumin et de 1 c. à café (1 c. à thé) de sel dans lequel on plonge les morceaux de viande.

6 portions

Le Barolo est l'un des meilleurs vins italiens. Ce vin rouge corsé procure une excellente marinade et une sauce délectable. Pour de meilleurs résultats, faites mariner la viande toute une nuit.

- 1,4 kg (3 lb) de surlonge désossée, couverte de 3 mm (⅛ po) de gras
- 60 g (2 oz) de graisse de porc, en fines lanières
- 750 ml (3 tasses) de vin Barolo
- 1 oignon, haché
- 1 carotte, hachée grossièrement
- 2 gousses d'ail, écrasées
- 5 c. à soupe de vinaigre de vin rouge
- 1 c. à soupe de cassonade ou de sucre roux
- 1 petite poignée d'herbes mélangées (romarin, thym, sauge, laurier)
- Sel et poivre noir fraîchement moulu
- 4 c. à soupe d'huile d'olive

- À l'aide d'un petit couteau bien affûté, pratiquer de profondes incisions sur toute la surface de la viande et enfoncer les lanières de graisse de porc. Mettre dans un grand plat.
- Mélanger le reste des ingrédients dans un bol, à l'exception de l'huile. Verser sur le bœuf, couvrir de pellicule plastique et laisser mariner toute une nuit au réfrigérateur.
- Préchauffer le four à 160 °C (325 °F). Retirer le bœuf de la marinade et assécher avec du papier absorbant. Filtrer la marinade, en réservant le liquide ainsi que les légumes et les herbes.
- Chauffer l'huile dans une grande plaque à rôtir et faire dorer la viande sur toutes les faces. Retirer de la plaque et faire dorer les légumes et les herbes.
- Mettre le bœuf sur les légumes, verser la moitié de la marinade et mettre au four 1 h 45. Ajouter de la marinade au besoin pour garder la viande humide.
- Laisser reposer 5 à 10 min, puis arroser de jus de cuisson et servir.

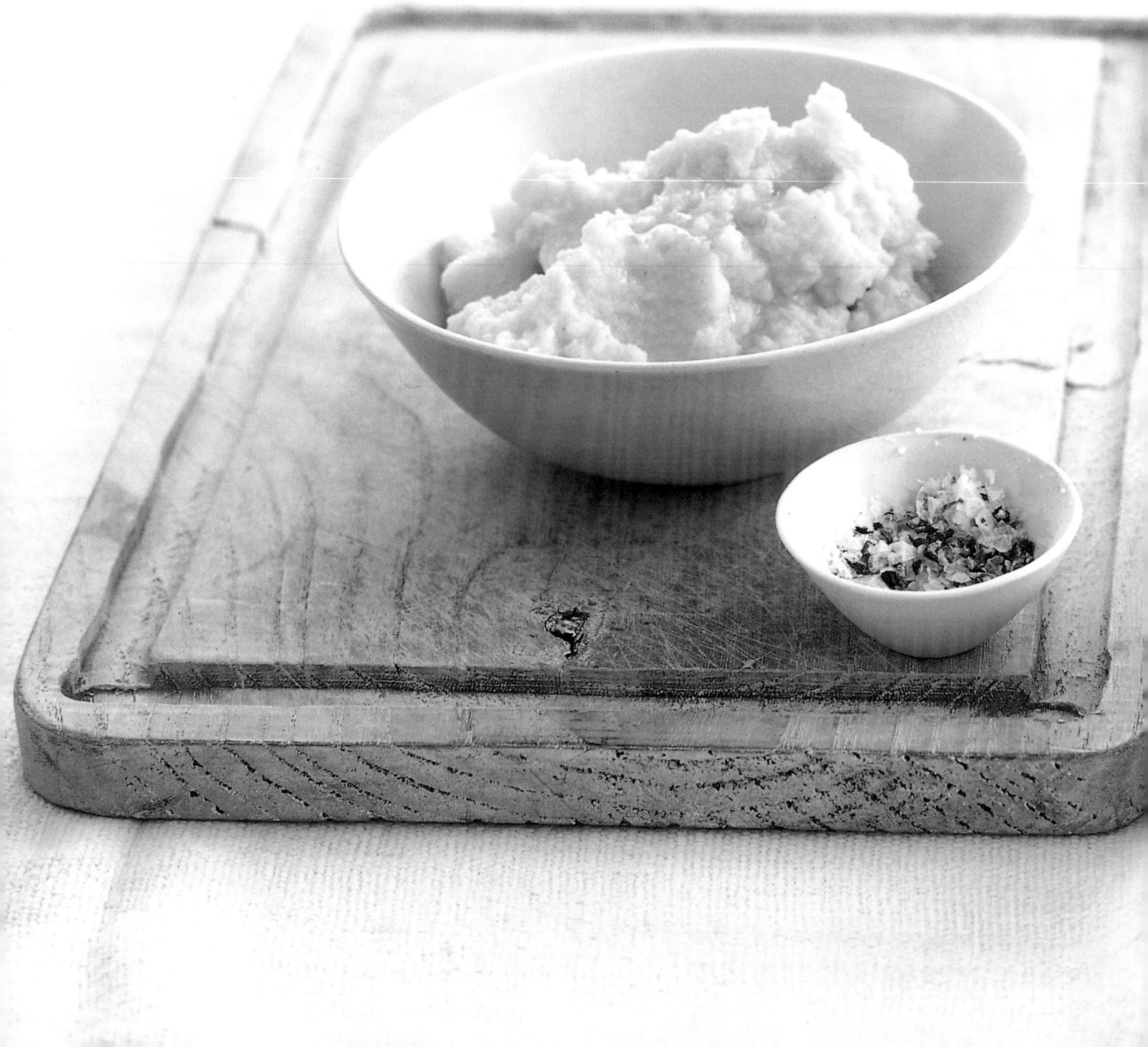

Bœuf bourguignon

Voici sans aucun doute l'un des plus grands trésors de la Bourgogne. Après avoir mariné toute une nuit, le bœuf est imprégné des saveurs du vin et des herbes aromatiques. Un vrai délice, accompagné de céleri-rave ou de pommes de terre en purée.

- 1 kg (2 lb) de palette ou de croupe, en gros cubes
- 1 bouteille de vin rouge
- 3 gousses d'ail, écrasées
- 1 feuille de laurier
- 2 brins de thym
- 2 c. à soupe de farine tout usage
- Sel et poivre noir fraîchement moulu
- 60 g (¼ tasse) de beurre non salé
- 1 oignon, haché

- 1 carotte, hachée
- 175 ml (¾ tasse) de Bouillon de bœuf (voir p. 114)
- 210 g (7 oz) de bacon ou de pancetta, en courtes lanières
- 180 g (1 tasse) de petites échalotes
- 200 g (3 ⅓ tasses) de petits champignons de Paris
- 2 c. à soupe de gelée de groseille

- Mettre le bœuf, le vin, l'ail et les herbes dans un grand bol, couvrir de pellicule plastique et réfrigérer toute une nuit ou au moins 4 h.
- Préchauffer le four à 160 °C (325 °F). Retirer la viande de la marinade et l'assécher avec un linge propre. Filtrer la marinade et réserver. Rouler la viande dans la farine, saler et poivrer.
- Chauffer la moitié du beurre dans une grande cocotte allant au four. Faire dorer le bœuf jusqu'à ce qu'il soit croustillant (par étape, si nécessaire). Ajouter les oignons et les carottes, et faire revenir 5 min.
- Verser la marinade sur la viande et les légumes, ajouter le bouillon et porter à ébullition en remuant sans cesse et en dégageant tout résidu qui adhère au fond. Couvrir et mettre au four 1 h 30.

- Chauffer le beurre restant dans une poêle à frire, ajouter le bacon, les échalotes, les champignons et faire cuire jusqu'à ce que les échalotes soient tendres et que le bacon et les champignons soient dorés. Ajouter le tout à la cocotte, remettre au four et poursuivre la cuisson 30 min.
- Retirer tout surplus de gras à la surface de la viande, incorporer la gelée de groseille, rectifier l'assaisonnement et servir.

Bifteck Esterhazy

Cette recette a été créée en l'honneur du comte Esterhazy, un personnage jovial qui était fréquemment invité à la table royale sous l'Empire austro-hongrois.

- 2 c. à soupe d'huile d'olive
- 4 biftecks de surlonge de 180 g (6 oz) chacun
- Sel et poivre noir fraîchement moulu
- 1 c. à soupe de beurre non salé
- 2 carottes, en dés de 5 mm (¼ po)
- 2 branches de céleri, en dés de 5 mm (¼ po)
- 1 oignon, haché
- 1 c. à soupe de paprika hongrois

- 1 c. à soupe de farine tout usage
- 625 ml (2½ tasses) de Bouillon de bœuf (voir p. 114)
- 125 ml (½ tasse) de sauce tomate
- 2 c. à soupe de câpres surfines, rincées et égouttées
- 1 c. à soupe de sauce Worcestershire
- 4 c. à soupe de crème sure ou de crème aigre
- Le jus de ½ citron

- Préchauffer le four à 200 °C (400 °F). Chauffer l'huile dans une cocotte allant au four, assaisonner généreusement les biftecks, puis faire dorer sur toutes les faces. Réserver.
- Remettre la cocotte sur le feu et ajouter le beurre. Faire revenir les carottes, le céleri, les oignons et le paprika 3 à 4 min. Incorporer la farine et poursuivre la cuisson 2 min.

- Verser le bouillon et la sauce tomate, remuer et porter à ébullition. Ajouter les câpres et la sauce Worcestershire, puis remettre le bœuf dans la cocotte. Couvrir et mettre au four 25 à 30 min, jusqu'à ce que la viande et les légumes soient tendres. Retirer les biftecks de la sauce.
- Incorporer la crème à la sauce, rectifier l'assaisonnement et ajouter le jus de citron. Remettre les biftecks dans la sauce et servir.

Bifteck braisé à la bière et boulettes au raifort

La bière de type ale est devenue une boisson à la mode. On utilise ici l'excellente ale irlandaise. Pour être bien tendres, les biftecks d'intérieur de ronde nécessitent une cuisson lente. Ce plat tout indiqué pour les froides journées d'hiver est l'une de mes façons préférées de savourer du bœuf braisé, accompagné de carottes au beurre.

- 1 kg (2 lb) de biftecks d'intérieur de ronde, sans gras
- 2 c. à soupe de farine tout usage
- 4 c. à soupe d'huile de tournesol
- 2 oignons, émincés
- 2 c. à café (2 c. à thé) de cassonade ou de sucre roux
- ½ c. à café (½ c. à thé) de moutarde sèche
- 1 c. à soupe de purée de tomates
- 1 c. à café (1 c. à thé) de feuilles de thym
- 1 feuille de laurier
- 625 ml (2 ½ tasses) d'ale irlandaise
- Sel et poivre noir fraîchement moulu
- Persil plat italien, haché, pour garnir

- Préchauffer le four à 160 °C (325 °F). Enrober la viande de farine.
- Chauffer l'huile dans une cocotte allant au four et faire dorer la viande sur toutes les faces, en procédant par étape. Retirer de la cocotte et réserver.
- Faire revenir les oignons dans la cocotte jusqu'à ce qu'ils soient dorés. Ajouter la cassonade, la moutarde sèche, la purée de tomates, le thym, la feuille de laurier et l'ale, et porter à ébullition. Assaisonner, puis remettre la viande dans la cocotte. Couvrir et mettre au four 2 h à 2 h 15.

- Pendant ce temps, préparer les boulettes de pâte. Mélanger la chapelure, la farine, le suif, la levure et le thym. Saler et poivrer, puis incorporer les œufs pour former une pâte.
- Diviser la pâte en 12 boules de taille égale et les enrober de farine pour les empêcher de coller. Percer un trou dans chaque boule et remplir d'un peu de sauce au raifort. Refermer l'ouverture et rouler de nouveau pour sceller. Réserver.
- Environ 25 min avant la fin de la cuisson de la viande, faire cuire les boulettes dans une grande casserole d'eau frémissante.
- Disposer les biftecks dans des assiettes chaudes, napper de sauce et garnir de boulettes. Parsemer de persil et servir.

Boulettes au raifort

- 90 g (¾ tasse) de chapelure de pain blanc fraîche
- 100 g (⅔ tasse) de farine tout usage
- 90 g (3 oz) de suif, en lanières
- 1 c. à café (1 c. à thé) de levure chimique
- 1 c. à café (1 c. à thé) de feuilles de thym, hachées finement
- 2 œufs, battus
- Sauce au raifort préparée ou maison (voir p. 114)

4 portions

Les Européens du Nord, particulièrement les Scandinaves, raffolent des plats de bœuf braisé,
qui prennent souvent la forme de tranches fines roulées et farcies de savoureux ingrédients.
Ces roulades sont excellentes avec du chou ainsi que des nouilles ou des pommes de terre en purée.

- À l'aide d'un maillet de cuisine ou d'un rouleau à pâtisserie, aplatir légèrement les tranches de bœuf entre deux feuilles de pellicule plastique. Étendre sur une surface de travail, assaisonner généreusement, puis couvrir de moutarde.
- Mettre 2 lanières de bacon sur chaque tranche, parsemer d'oignons et couvrir de cornichons.
- Rouler chaque tranche soigneusement, en s'assurant que la farce demeure à l'intérieur. Fixer à l'aide d'un bâtonnet à cocktail le long de la bordure.

- Chauffer le beurre dans une grande poêle à frire et faire dorer les rouleaux sur toutes les faces. Verser le bouillon et la sauce soja, et porter à ébullition. Couvrir et laisser mijoter 30 à 35 min, ou encore mettre au four à 180 °C (350 °F).
- Retirer les rouleaux de la sauce et conserver au chaud.
- Mélanger la crème et la farine de maïs, ajouter au bouillon et faire mijoter 5 à 6 min, jusqu'à ce que la sauce soit assez épaisse pour napper le dos d'une cuillère. Assaisonner. Disposer les rouleaux sur un lit de nouilles, parsemer de persil et servir accompagnés de sauce.

- **600 g (1¼ lb) de filet, en 8 tranches minces**
- **Sel et poivre noir fraîchement moulu**
- **4 c. à soupe de moutarde de Dijon ou de moutarde suédoise**
- **8 tranches de bacon**
- **1 oignon, haché finement**
- **2 cornichons sucrés, en lanières**
- **60 g (¼ tasse) de beurre non salé**
- **625 ml (2½ tasses) de Bouillon de bœuf (voir p. 114)**
- **1 c. à soupe de sauce soja**
- **175 ml (¾ tasse) de crème épaisse à fouetter 35 %**
- **2 c. à soupe de farine de maïs**
- **Nouilles, pour servir (facultatif)**
- **Persil plat italien, haché**

Hachis Parmentier à ma façon

Ce plat réconfortant, l'un des plus appréciés du répertoire britannique, est idéal par une froide journée hivernale.
Pour changer un peu, j'ai incorporé de la moutarde à l'ancienne et des poireaux à la purée de pommes de terre,
en plus d'ajouter du vin rouge à la viande.

- 125 ml (½ tasse) d'huile d'olive
- 2 oignons, hachés finement
- 2 carottes, en petits dés
- 2 panais, en petits dés
- 1 gousse d'ail, écrasée
- 1 c. à café (1 c. à thé) d'origan
- 720 g (1 ½ lb) de bifteck de croupe, en petits dés
- Sel et poivre noir fraîchement moulu
- 400 g (2 tasses) de tomates hachées en conserve
- 175 ml (¾ tasse) de Bouillon de bœuf (voir p. 114)
- 125 ml (½ tasse) de vin rouge
- 2 c. à soupe de ketchup
- 2 c. à café (2 c. à thé) de persil plat italien, haché
- ½ c. à café (½ c. à thé) de piment de la Jamaïque
- Un filet de sauce Worcestershire

GARNITURE
- 650 g (1 ⅓ lb) de pommes de terre farineuses, pelées
- 125 ml (½ tasse) de lait entier
- 2 c. à soupe de beurre non salé, et un peu plus pour dorer
- 1 poireau, haché finement
- 2 c. à soupe de moutarde à l'ancienne
- 2 jaunes d'œufs

- Préchauffer le four à 200 °C (400 °F). Chauffer la moitié de l'huile dans une grande casserole, ajouter les oignons, les carottes, les panais, l'ail et l'origan. Cuire à feu moyen environ 10 min, jusqu'à ce que les légumes soient tendres. Transvaser dans un bol.
- Remettre la casserole sur le feu et chauffer l'huile restante. Assaisonner la viande et faire dorer 6 à 8 min.
- Ajouter les tomates, le bouillon, le vin, le ketchup, le persil, le piment de la Jamaïque, la sauce Worcestershire, et poursuivre la cuisson 5 min. Remettre les légumes dans la casserole et mijoter 15 min.

- Faire cuire les pommes de terre dans de l'eau bouillante salée jusqu'à ce qu'elles soient tendres. Égoutter et réduire en purée avec le lait. Chauffer le beurre dans une petite casserole, ajouter le poireau et le faire revenir 3 à 4 min, pour l'attendrir. L'ajouter à la purée, ainsi que la moutarde, puis incorporer les jaunes d'œufs et assaisonner.
- Transvaser le mélange de viande et de légumes dans un plat allant au four, couvrir de purée et parsemer de noisettes de beurre. Mettre au four 15 à 20 min, jusqu'à ce que le dessus soit doré, puis servir avec des légumes verts.

Chaussons à la viande

La création de ces chaussons remonte à l'exploitation des mines d'étain en Cornouailles, dans le sud-ouest de l'Angleterre. Farcis de bœuf, de pommes de terre et d'autres légumes, ils visaient à fournir un repas nutritif aux mineurs. À l'époque, ils étaient constitués de bœuf salé à une extrémité, et d'une farce sucrée à base de pommes, de confiture ou de mélasse à l'autre extrémité, procurant ainsi un repas complet en un seul mets! Aujourd'hui, ces chaussons toujours populaires sont faits à partir de viande de qualité, en utilisant du saindoux et du beurre qui sortent directement du congélateur. Servez-les de la façon traditionnelle avec une bonne bière, par exemple une ale de Cornouailles.

Pâte

- 450 g (3 tasses) de farine tout usage
- 120 g (½ tasse) de beurre congelé
- 120 g (½ tasse) de saindoux congelé
- Environ 175 ml (¾ tasse) d'eau

GARNITURE

- 480 g (1 lb) de croupe ou de hampe, hachée finement
- 720 g (1 ½ lb) de pommes de terre nouvelles, pelées et coupées en dés
- 400 g (4 tasses) de rutabaga, pelé et coupé en dés
- 1 gros oignon, haché finement
- Sel et poivre noir fraîchement moulu
- 1 œuf battu

- Pour préparer la pâte, tamiser la farine dans un bol avec une bonne pincée de sel. Couper le beurre et le saindoux en petits dés, puis les incorporer à la farine avec les doigts jusqu'à l'obtention d'une texture fine et friable. Mettre la préparation sur une surface farinée et creuser un puits au centre. Ajouter de l'eau, un peu à la fois, pour former une pâte malléable mais ferme.

- Dans un bol, mélanger la viande, les pommes de terre, le rutabaga et les oignons. Assaisonner généreusement et bien mélanger.

- Diviser la pâte en quatre et l'étendre pour obtenir des cercles de la taille d'une petite assiette. Disposer un peu de mélange à la viande au centre d'un cercle. Badigeonner les bords avec un peu d'eau ou de lait, puis ramener ensemble et pincer sur le dessus. Former un motif de cordelette pour sceller, en allant d'une extrémité à l'autre. Procéder de même pour les trois autres chaussons. Réfrigérer 1 h.

- Préchauffer le four à 180 °C (350 °F). Pratiquer une petite entaille au sommet de chaque chausson pour laisser évacuer la vapeur. Badigeonner d'un peu d'œuf battu et mettre sur une plaque à pâtisserie légèrement beurrée, en laissant un espace entre chacun.

- Cuire au four 50 min ou jusqu'à ce que les chaussons soient dorés et croustillants en dessous.

Farsu magru (rouleaux de bœuf farcis à la sicilienne)

Dans d'autres régions de l'Italie, ce plat se nomme braciole. Le terme farsu magru se traduit littéralement par « faux maigre », une appellation étrange pour ces rouleaux de viande farcis de fromage et d'herbes, dans une riche sauce aux tomates et au vin rouge. J'aime les servir avec une polenta crémeuse au gorgonzola.

- 1,5 kg (3 ⅓ lb) d'intérieur de ronde, en tranches de 5 mm (¼ po) d'épaisseur
- 360 g (12 oz) de bœuf haché
- 60 g (½ tasse) de chapelure de pain blanc fraîche
- 105 g (¾ tasse) de provolone, râpé
- 90 g (3 oz) de mortadelle, en dés
- 45 g (¼ tasse) de raisins secs, ayant trempé 20 min dans l'eau chaude et égouttés
- 2 œufs durs, hachés finement
- 1 gousse d'ail, écrasée
- 40 g (1 ⅓ tasse) de persil plat italien, haché
- Huile d'olive, pour la cuisson
- Sel et poivre noir fraîchement moulu
- 1 oignon, haché finement
- 1 c. à soupe d'origan haché
- 875 g (3 ½ tasses) de tomates hachées en conserve
- 1 c. à soupe de purée de tomates
- 175 ml (¾ tasse) de vin rouge

- À l'aide d'un maillet de cuisine, aplatir les biftecks.
- Mettre dans un bol le bœuf haché, la chapelure, le fromage, la mortadelle, les raisins, les œufs, l'ail et le persil. Bien mélanger.
- Étendre une couche uniforme de farce sur chaque bifteck, puis replier les côtés et rouler. Fixer à l'aide d'un bâtonnet à cocktail ou ficeler.

- Chauffer une casserole allant au four sur la cuisinière, ajouter un peu d'huile, assaisonner les rouleaux et les faire dorer sur toutes les faces. Quand ils sont bien saisis, les réserver dans une assiette.
- Faire revenir les oignons et l'origan dans la casserole 3 à 4 min, pour les attendrir. Ajouter les tomates, la purée de tomates et le vin rouge, ainsi que 175 ml (¾ tasse) d'eau.
- Remettre les rouleaux dans la casserole, réduire la chaleur, couvrir et faire mijoter jusqu'à 2 h, en ajoutant un peu de vin ou d'eau au besoin, de façon à toujours couvrir la viande.
- Retirer les bâtonnets à cocktail avant de servir les rouleaux sur un lit de polenta, nappés de sauce.

Bœuf salé poché, légumes et sauce au raifort

Dans cette recette, j'ai remplacé les coupes habituellement salées, comme la poitrine ou l'intérieur de ronde, par un chateaubriand bien tendre. Il est légèrement salé toute une nuit, puis poché avec des légumes dans un bouillon parfumé.

- Mettre le chateaubriand dans un bol avec le sel, la moitié du thym, la feuille de laurier et du poivre. Frotter la viande pour faire pénétrer, couvrir et réfrigérer 12 h.
- Rincer la viande sous l'eau froide et assécher avec un linge propre.
- Porter le bouillon à ébullition avec le thym restant. Réduire la chaleur et faire cuire les légumes dans le bouillon, jusqu'à ce qu'ils soient à peine tendres. Retirer les légumes du bouillon et conserver au chaud.

- Remettre le bouillon sur le feu, ajouter le bœuf et faire pocher 15 min.
- Filtrer 125 ml (½ tasse) de bouillon et incorporer le beurre au fouet (congeler le reste du bouillon pour utilisation ultérieure). Ajouter le persil, saler et poivrer.
- Couper la viande en 6 tranches, garnir de légumes, napper de bouillon et servir avec la Sauce au raifort.

- 1 chateaubriand de 480 g (1 lb)
- 2 c. à soupe de gros sel
- 4 brins de thym
- 1 petite feuille de laurier
- Poivre noir concassé
- 1 litre (4 tasses) de Bouillon de bœuf (voir p. 114)
- 2 carottes, pelées et coupées en deux sur la longueur
- 1 navet, pelé et coupé en quartiers
- 2 branches de céleri, en bâtonnets de 5 cm (2 po)
- 1 poireau, en bâtonnets de 2,5 cm (1 po)
- 2 c. à soupe de beurre non salé
- 1 c. à café (1 c. à thé) de persil plat italien, haché
- 160 ml (⅔ tasse) de Sauce au raifort (voir p. 114)

Salade de bœuf à la thaïlandaise

Salade de bœuf à la thaïlandaise

En Thaïlande, cette salade légère et savoureuse est connue sous le nom de larb neua. Elle évoque pour moi de nombreux souvenirs de mon séjour dans ce superbe pays.

- Le jus d'un citron vert
- 420 g (14 oz) de bifteck de faux-filet ou de surlonge, en petits dés ou haché grossièrement
- 1 laitue iceberg, débarrassée des feuilles extérieures
- 75 g (¾ tasse) de haricots verts, cuits
- 1 carotte, râpée
- 4 oignons verts, en lanières
- 2 échalotes cuivrées, émincées
- 21 g (¾ tasse) de feuilles de coriandre
- 21 g (¾ tasse) de feuilles de menthe
- 2 c. à soupe de riz basmati grillé (voir ci-contre)

- Préparer d'abord la vinaigrette. Réduire le piment vert, la cassonade et le zeste de citron vert en pâte dans un mortier. Ajouter la sauce au poisson et le jus de 4 citrons verts.
- Porter 4 c. à soupe d'eau à ébullition avec le jus d'un citron vert. Ajouter le bœuf, remuer et faire cuire 3 à 4 min. Transvaser dans un bol et laisser refroidir.
- Détacher 4 feuilles de laitue en forme de coupe et réserver. Couper le reste de la laitue en fines lanières. Remuer la laitue avec la vinaigrette et le reste des légumes et des herbes, en ajoutant plus de sauce au poisson ou de jus de citron vert au besoin.

- Disposer la salade et le bœuf dans les feuilles de laitue. Parsemer de riz et servir.

Riz grillé

- Pour préparer ce riz de style asiatique, préchauffer le four à 180 °C (350 °F), étaler le riz basmati sur une plaque à pâtisserie et faire griller au four 25 min, jusqu'à ce qu'il soit doré. Retirer du four et laisser refroidir.
- Réduire en poudre grossière dans un mortier, puis conserver dans un bocal hermétique.

Vinaigrette

1 piment vert

1 c. à soupe de cassonade, de sucre roux ou de sucre de palme

Le zeste d'un citron vert

4 c. à soupe de sauce au poisson (nam pla)

Le jus de 4 citrons verts

Salade bistro

Voilà une salade aux ingrédients typiquement français: un bon bifteck, du roquefort crémeux et du pain croustillant. Je me demandais quel nom lui donner quand un ami français a suggéré «Salade bistro», une appellation taillée sur mesure.

- 720 g (1 ½ lb) d'onglet ou de bavette
- Sel et poivre noir fraîchement moulu
- 3 c. à soupe d'huile d'olive
- 1 c. à soupe d'huile de noix
- 1 c. à soupe de vinaigre de vin rouge
- 1 c. à café (1 c. à thé) de moutarde de Dijon
- 80 g (⅔ tasse) de roquefort, émietté
- 2 tomates italiennes, en gros morceaux
- 2 branches de céleri, pelées et émincées
- 1 c. à soupe de noix hachées
- 4 poignées de feuilles de laitue mélangées
- 1 petite baguette ou ficelle

- Chauffer une poêle à fond cannelé ou un barbecue. Assaisonner le bifteck et le badigeonner avec 1 c. à soupe d'huile d'olive. Faire griller sur toutes les faces, 5 à 6 min pour une cuisson saignante, ou plus longtemps si désiré. Retirer la viande du feu et laisser reposer.
- Pendant ce temps, préparer la vinaigrette avec l'huile d'olive restante, l'huile de noix, le vinaigre de vin et la moutarde.
- Mettre 2 c. à soupe de roquefort, les tomates, le céleri et les noix dans un bol, verser la vinaigrette et remuer. Ajouter les feuilles de laitue et retourner.

- Couper la baguette en tranches minces et les faire griller, avant de les ajouter à la salade en remuant. Répartir la salade dans 4 assiettes, en émiettant le reste du roquefort sur chaque portion.
- Couper le bifteck en tranches minces, disposer sur la salade et servir.

Salade de bœuf caramélisé à la mangue
et vinaigrette à l'anis

Salade de bœuf caramélisé à la mangue
et vinaigrette à l'anis

Cette salade fraîche et piquante plaira aux amateurs de chili. Faites cuire le bœuf rapidement dans une poêle très chaude pour assurer une bonne caramélisation et une saveur délicate. On peut se procurer du ketjap manis dans les magasins orientaux.

- 480 g (1 lb) de bavette ou de filet, sans gras et en tranches minces
- 125 ml (½ tasse) de ketjap manis (sauce soja indoné-sienne)
- 3 c. à soupe d'huile végétale
- 2 gousses d'ail, écrasées
- ½ c. à café (½ c. à thé) de cannelle moulue
- 1 c. à café (1 c. à thé) d'anis étoilé moulu
- 2 c. à soupe de cassonade ou de sucre roux

- 1 c. à soupe de sauce au poisson (nam pla)
- 60 g (2 oz) de noix de cajou rôties, hachées grossièrement
- 1 mangue verte, pelée et taillée en lanières
- 4 oignons verts, en lanières
- 50 g (1 ⅔ tasse) de basilic thaïlandais, haché
- 50 g (1 ⅔ tasse) de feuilles de menthe, hachées

- Mettre les tranches de bœuf dans un bol, verser le ketjap manis, mélanger et laisser reposer 30 min.
- Dans un bol, mélanger tous les ingrédients qui composent la vinaigrette.
- Chauffer l'huile dans un wok ou une grande poêle à frire et faire revenir l'ail et les épices 1 min.
- Ajouter le bœuf et faire sauter à feu vif 2 min. Ajouter la cassonade et la sauce au poisson, puis enrober la viande de sauce.
- Transvaser dans un bol, verser la vinaigrette, ajouter le reste des ingrédients et remuer. Répartir dans 4 bols ou assiettes creuses, et servir chaud.

Vinaigrette
- 2 c. à soupe de cassonade ou de sucre roux
- 60 ml (¼ tasse) de sauce soja
- 2 c. à soupe de sauce chili sucrée
- 2 c. à soupe de jus de citron vert
- 2 c. à café (2 c. à thé) de sauce au poisson (nam pla)
- ½ c. à café (½ c. à thé) d'anis étoilé moulu

Salade de bœuf, macaroni à l'huile de truffe
et vinaigrette au fromage bleu

Voici une bonne façon d'utiliser des restes de bœuf cuit. Les pâtes et la vinaigrette au fromage bleu en font un repas consistant. On peut remplacer le bleu par du fromage de chèvre.

- 300 g (4 tasses) de macaronis
- Le jus d'un citron
- 4 c. à soupe d'huile d'olive
- Sel et poivre noir fraîchement moulu
- 1 oignon rouge, coupé en deux et émincé
- 1 carotte, râpée
- 175 g (1 ½ tasse) de pois mange-tout, blanchis
- 300 g (10 oz) de bœuf cuit froid, en tranches minces
- 150 g (3 ½ tasses) de feuilles de laitue mélangées
- 90 g (3 oz) de fromage bleu
- 4 c. à soupe de mayonnaise
- 4 c. à soupe de crème sure ou de crème fraîche
- 1 c. à soupe d'huile de truffe

- Faire cuire les macaronis al dente dans de l'eau bouillante salée, en suivant les indications inscrites sur l'emballage. Égoutter.
- Mettre les pâtes dans un bol, ajouter le jus de citron, l'huile d'olive, saler et poivrer.
- Ajouter les légumes, le bœuf, la laitue et bien remuer.
- Mettre le fromage dans un bol, incorporer 3 c. à soupe d'eau chaude et mélanger jusqu'à consistance lisse. Incorporer la mayonnaise et la crème, et assaisonner légèrement.

- Disposer la salade dans des assiettes creuses et arroser de vinaigrette au fromage bleu, puis d'huile de truffe. Servir à température ambiante.

Bœuf tataki au soja et au citron, et légumes marinés

Le terme japonais tataki désigne de la viande ou du poisson légèrement grillés et au centre saignant, qu'on a fait refroidir et mariner avant de les servir en tranches fines. L'accompagnement traditionnel est du radis blanc râpé au gingembre, mais je préfère servir une relish constituée de divers ingrédients, dont des cornichons sucrés, des oignons verts et du soja. Les meilleures coupes de bœuf à utiliser sont le filet et la surlonge.

- 720 g (1 ½ lb) de bifteck de filet ou de surlonge, sans gras
- Sel et poivre noir fraîchement moulu
- 8 c. à soupe de sauce soja
- 2 c. à soupe d'huile de tournesol
- 1 gousse d'ail, écrasée
- 4 c. à soupe de mirin (vin de riz japonais)
- 2 c. à soupe de cassonade ou de sucre roux
- Le jus de 2 citrons
- 2 gros cornichons sucrés, en fines lanières
- 4 oignons verts, en lanières
- 2 c. à soupe de lamelles de gingembre rose mariné
- 150 g (1 ½ tasse) de radis blancs, pelés et émincés
- 15 g (½ oz) de feuilles de shiso (facultatif)
- Quartiers de citron

- Préchauffer le four à 200 °C (400 °F). Assaisonner le bœuf, puis le frotter avec 2 c. à soupe de sauce soja. Chauffer une poêle à frire allant au four à feu vif, ajouter l'huile et faire dorer la viande sur toutes les faces.
- Mettre au four 12 à 15 min, après avoir inséré un thermomètre au centre de la pièce de viande. Retirer du four quand la température atteint 55 °C (131 °F) et laisser refroidir.
- Pendant ce temps, mélanger dans un bol profond la sauce soja restante, l'ail, le mirin, la cassonade et le jus de citron. Mettre le bœuf dans la marinade, couvrir et réfrigérer 24 h, en tournant de temps à autre.

- Retirer la viande de la marinade et laisser reposer 30 min à température ambiante. Couper le bœuf et disposer dans 4 assiettes en faisant chevaucher les tranches.
- Combiner les cornichons, les oignons verts, le gingembre et le radis blanc dans un bol, ajouter 2 à 3 c. à soupe de marinade et remuer.
- Garnir le bœuf de relish aux cornichons, parsemer de feuilles de shiso et servir accompagné de quartiers de citron.

Polpetti au pesto, salsa aux tomates séchées et au bocconcini

4 portions

*Voici un plat parfait pour un repas du midi léger. Le mieux est de préparer votre propre pesto,
bien qu'on en trouve de délicieux sur le marché.*

- Préchauffer le four à 220 °C (425 °F).
  Couper le pain en 24 tranches de 1,5 cm
  (½ po) d'épaisseur. Mélanger l'huile d'olive avec 1 c. à
  soupe de pesto, le jus de citron, du sel et du poivre.
  Badigeonner chaque côté des tranches de pain
  avec ce mélange.
- Mélanger le bœuf haché, les oignons, l'ail, le reste du
  pesto, du sel et du poivre dans un bol. Façonner en
  24 boulettes de taille égale. Enfiler sur des brochettes
  en alternant avec le pain, afin que chaque convive ait
  6 boulettes et 6 tranches de pain.

- Mettre au four 5 à 6 min, jusqu'à ce que la viande soit
  cuite et le pain, croustillant.
- Pendant ce temps, mélanger les ingrédients de la salsa
  et assaisonner.
- Disposer les brochettes dans des assiettes et servir avec
  la salsa.

- 1 petite baguette ou ficelle
- 5 c. à soupe d'huile d'olive
- 3 c. à soupe de pesto
- 1 c. à soupe de jus de citron
- Sel et poivre noir fraîchement moulu
- 420 g (14 oz) de bavette ou de côte
  de bœuf hachée
- 1 petit oignon, haché finement
- 1 gousse d'ail, écrasée
- Brochettes de bois trempées dans l'eau

Salsa
- 2 c. à soupe de tomates séchées,
  en lanières
- 12 boules de fromage bocconcini,
  en quartiers
- 2 c. à soupe d'huile d'olive
- 1 c. à soupe de vinaigre balsamique

Carpaccio de bœuf grillé, anchois, fenouil
et crème fraîche aux olives

Ce carpaccio grillé à la poêle est une variante du plat de bœuf cru classique inventé au célèbre bar Harry de Venise. Le fenouil croustillant donne de la texture au plat, alors que la crème fraîche ajoute une agréable note aigrelette.

- 480 g (1 lb) de filet mince, sans gras ni tendons
- Sel et poivre noir fraîchement moulu
- 80 ml (⅓ tasse) d'huile d'olive extravierge
- 2 bulbes de fenouil
- 150 g (5 oz) de pommes de terre nouvelles, pelées, cuites et coupées grossièrement en tranches
- 2 échalotes, émincées
- Le jus de ½ citron
- ½ gousse d'ail, écrasée
- 2 filets d'anchois, rincés et hachés
- 2 c. à café (2 c. à thé) de vinaigre balsamique
- 125 g (3 tasses) de roquette
- 60 g (2 oz) de parmigiano reggiano, en copeaux

Crème aux olives
- 125 ml (½ tasse) de crème fraîche ou de crème sure
- 40 g (⅓ tasse) d'olives noires, dénoyautées et hachées finement

- Chauffer une poêle à frire à fond épais. Assaisonner la viande et la badigeonner de 2 c. à soupe d'huile. Saisir le bœuf 1 min de chaque côté, pour qu'il soit bien grillé à l'extérieur et saignant à l'intérieur. Retirer de la poêle et laisser refroidir.
- Émincer le fenouil à l'aide d'une mandoline ou d'un couteau bien affûté, et mettre dans un bol en réservant les feuilles. Ajouter les pommes de terre et les échalotes.
- À l'aide d'un fouet, battre ensemble le jus de citron, l'ail, les anchois, le vinaigre et l'huile restante pour créer une vinaigrette légère. Hacher grossièrement les feuilles de fenouil et les ajouter à la vinaigrette. Bien mélanger et assaisonner au goût. Verser la vinaigrette sur le fenouil et les pommes de terre, en remuant pour bien enrober. Combiner la crème fraîche et les olives.
- Couper la viande en tranches de 5 mm (¼ po), répartir dans 4 assiettes, saler et poivrer. Ajouter la roquette aux pommes de terre et au fenouil, remuer, puis disposer la salade sur le bœuf. Parsemer de copeaux de parmesan, garnir d'une bonne cuillerée de crème aux olives et servir.

Carpaccio à la mozzarella de bufflonne
et à la sauce au thon

Ces fines tranches de bœuf de style carpaccio sont généralement servies avec des copeaux de parmesan, mais se marient aussi très bien avec la mozzarella. La mayonnaise au thon constitue un accompagnement fort intéressant.

- 420 g (14 oz) de filet, réfrigéré
- 1 boule de mozzarella de bufflonne, coupée en 8 tranches
- Sel et poivre noir fraîchement moulu
- 60 g (2 oz) de thon à l'huile en conserve, égoutté
- 4 c. à soupe de mayonnaise
- 1 c. à soupe de câpres surfines, rincées et égouttées

- 1 gousse d'ail, écrasée
- 1 c. à soupe de jus de citron
- 4 c. à soupe d'huile d'olive
- 1 c. à soupe de vinaigre balsamique
- 2 tomates, en petits dés
- 1 c. à soupe d'olives noires, hachées
- 50 g (1 tasse) de roquette
- Quartiers de citron

- À l'aide d'un long couteau bien affûté, couper le bœuf froid en 8 tranches fines. Mettre les tranches sur une surface de travail, ajouter une tranche de mozzarella sur chacune d'elle, saler, poivrer, puis rouler pour emprisonner le fromage dans la viande. Saler et poivrer l'extérieur des rouleaux.
- Dans un mélangeur, réduire en purée lisse le thon, la mayonnaise, les câpres, l'ail et le jus de citron. Assaisonner.

- Dans un bol, battre l'huile et le vinaigre à l'aide fouet, puis ajouter les tomates, les olives, saler et poivrer.
- Disposer quelques cuillerées de sauce au thon au centre de 4 assiettes, ajouter 2 rouleaux de viande et garnir de roquette. Verser la vinaigrette et servir, accompagné de quartiers de citron.

Carpaccio de bœuf grillé, anchois,
fenouil et crème fraîche aux olives

Bresaola

La bresaola, ou viande de bœuf séchée, est un plat italien traditionnel que m'a fait découvrir mon collègue Franco Taruschio lors de notre collaboration à l'émission Take Six Chefs, *il y a plus de vingt ans. Franco et sa femme Ann avaient alors une auberge au pays de Galles, le célèbre Walnut Tree Inn. Cette recette, qui est tirée du livre de Franco intitulé* Leaves from the Walnut Tree, *est idéale lorsqu'on reçoit un grand nombre de convives. Pour de meilleurs résultats, ne tentez pas d'utiliser une pièce de viande de moindre poids. La bresaola se conserve durant trois mois.*

- 4 kg (9 lb) d'intérieur de ronde
- Huile d'olive extravierge
- Poivre noir fraîchement concassé
- Ciboulette fraîche, hachée
- Quartiers de citron

- Parer la pièce de viande en retirant tout le gras et les tendons.
- Mettre tous les ingrédients de la marinade dans un grand bol, ajouter la viande, couvrir et laisser mariner dans un endroit frais une semaine ou jusqu'à ce que la viande ait une texture ferme.
- Suspendre la viande dans un endroit sec et aéré pendant une semaine, jusqu'à ce qu'elle soit suffisamment ferme pour être tranchée finement. Elle devra être solide au toucher, sans céder sous la pression des doigts.
- Frotter la viande avec l'huile d'olive et l'envelopper de papier sulfurisé. Conserver au réfrigérateur jusqu'à utilisation.
- Pour servir, couper en tranches fines, arroser d'huile d'olive, parsemer de poivre, de ciboulette et garnir de quartiers de citron.

Marinade

- Vin rouge et blanc, en quantités égales, pour couvrir la viande
- 750 g (2 ½ tasses) de gros sel de mer
- 12 piments rouges séchés
- 24 clous de girofle
- 12 feuilles de laurier fraîches
- 1 bouquet de romarin frais
- 3 gousses d'ail, écrasées
- 40 grains de poivre noir
- 4 lanières d'écorce d'orange

Frittata au bœuf et aux pommes de terre

Une mandoline est l'outil idéal pour émincer les pommes de terre dans cette préparation.
Servir la frittata avec du pain croustillant et une salade verte.

- Préchauffer le four à 180 °C (350 °F). Réchauffer 1 c. à soupe d'huile dans une grande poêle à frire antiadhésive, ajouter le bœuf, les oignons, l'ail et le paprika. Faire revenir 10 à 12 min en défaisant la viande pour la faire dorer de toutes parts. Retirer le surplus de gras et réserver.

- Remettre la poêle sur le feu, ajouter l'huile restante et faire dorer les pommes de terre en les tournant de temps à autre.

- Remettre la viande dans la poêle et poursuivre la cuisson 2 à 3 min.

- Dans un bol, mélanger les œufs, le lait, le persil, l'origan, saler et poivrer.

- Ajouter le fromage au bœuf et aux pommes de terre, mélanger, puis transvaser le contenu de la poêle dans le bol et incorporer aux œufs.

- Verser le mélange dans une grande cocotte allant au four. Cuire au four 20 à 25 min, jusqu'à ce que les œufs soient pris. Faire refroidir brièvement avant de couper en pointes.

- 3 c. à soupe d'huile d'olive
- 480 g (1 lb) de bœuf haché
- 1 petit oignon, haché
- 2 gousses d'ail, écrasées
- 1 c. à café (1 c. à thé) de paprika fumé
- 420 g (1 ⅔ tasse) de pommes de terre nouvelles, émincées
- 8 œufs fermiers

- 5 c. à soupe de lait entier
- 2 c. à soupe de persil plat italien, haché
- 1 c. à café (1 c. à thé) d'origan frais
- Sel et poivre noir fraîchement moulu
- 120 g (1 tasse) de mozzarella de bufflonne, râpé

Bifteck tartare, croustilles de pommes de terre
et crème aux truffes

Le bifteck tartare est populaire depuis l'apparition des bistros parisiens. Bien que j'adore le tartare classique, j'ai élaboré cette recette qui, à mon avis, le surpasse d'un cran.

- Huile de tournesol pour la friture
- 250 g (1 tasse) de pommes de terre fermes, pelées et émincées
- 420 g (14 oz) de filet, de surlonge ou de bifteck de croupe, bien froid
- 4 petits cornichons, rincés et hachés
- 2 échalotes, hachées finement
- 2 œufs fermiers
- 2 filets d'anchois, rincés et hachés finement
- 1 c. à soupe de câpres surfines, rincées et hachées
- 1 c. à soupe de persil plat italien, haché
- 1 c. à café (1 c. à thé) de moutarde de Dijon
- Sel et poivre noir fraîchement moulu
- 1 c. à soupe de ciboulette fraîche, en tronçons de 2,5 cm (1 po)
- 50 g (1 tasse) de mâche, pour garnir

- Remplir une friteuse ou une grande casserole d'huile et la chauffer à 180 °C (350 °F). Bien assécher les pommes de terre et les faire frire en plusieurs étapes, jusqu'à ce qu'elles soient dorées et croustillantes. Assécher sur du papier absorbant et conserver au chaud.
- Mélanger la mayonnaise, l'huile de truffes et la crème dans un bol, puis réfrigérer jusqu'à utilisation.
- Parer soigneusement la viande et couper en lanières sur une planche à découper.

Couper les lanières de manière à obtenir de très petits dés, puis hacher brièvement avec un gros couteau.

- Mettre la viande dans un bol et ajouter le reste des ingrédients à l'exception de la mâche et de la ciboulette. Mélanger délicatement à l'aide d'une fourchette. Avec des mains propres et mouillées, ou encore à l'aide d'un cercle de métal, façonner en 4 rondelles et disposer dans des assiettes.
- Ajouter une cuillerée de crème sur chaque rondelle et parsemer de ciboulette. Servir garni de mâche et de croustilles.

Crème aux truffes
• 2 c. à soupe de mayonnaise
• 2 c. à café (2 c. à thé) d'huile de truffes
• 4 c. à soupe de crème fraîche ou de crème sure

Bifteck tartare à l'orientale
4 portions

Quand on sert du bœuf cru, on peut expérimenter avec toutes sortes de saveurs pour en rehausser le goût. Ce tartare d'inspiration orientale est également délicieux étalé sur des canapés en guise de hors-d'œuvre.

- 420 g (14 oz) de filet ou de surlonge, bien froid
- 1 tige de citronnelle, hachée finement (partie blanche seulement)
- 2 échalotes, hachées finement
- 2 c. à soupe de ketjap manis (sauce soja indonésienne)
- 2 c. à soupe de coriandre, hachée
- 1 c. à soupe de chutney à la mangue, haché finement
- ½ c. à café (½ c. à thé) de pâte de wasabi
- ½ c. à café (½ c. à thé) de gingembre mariné
- Sel et poivre noir fraîchement moulu
- 4 œufs de caille
- Quartiers de citrons, pour garnir
- Feuilles de shiso, pour garnir

- Parer soigneusement la viande, puis couper en lanières sur une planche à découper. Couper les lanières de manière à obtenir de très petits dés, puis hacher brièvement avec un gros couteau.
- Mettre dans un bol avec les autres ingrédients, à l'exception des œufs de caille.
- Avec des mains propres et mouillées, ou encore à l'aide d'un cercle de métal, façonner en 4 rondelles et disposer dans des assiettes.
- Presser avec les doigts pour créer une cavité au centre de chaque rondelle. Remplir chaque cavité d'un œuf de caille cru. Servir garni de quartiers de citron et de feuilles de shiso.

Feuilles de vigne farcies à l'orientale

*Il est essentiel d'utiliser du bœuf haché de qualité pour apprêter ces délicats rouleaux aux piments thaïlandais.
Parfaits pour le barbecue, ils sont servis avec une trempette aigre et épicée.*

- 12 feuilles de vigne marinées, égouttées
- 420 g (14 oz) de bœuf haché
- 2 échalotes, hachées finement
- 1 piment thaïlandais (piment oiseau), épépiné et haché finement
- 2 gousses d'ail, écrasées
- 4 tiges de citronnelle, hachées finement (partie blanche seulement)
- 1 c. à café (1 c. à thé) de cassonade ou de sucre roux
- 1 c. à soupe de sauce au poisson (nam pla)
- 2 c. à soupe de basilic sacré (tulasi), haché
- 1 c. à soupe de coriandre, hachée
- 12 brochettes de bois trempées dans l'eau
- 3 c. à soupe d'huile de tournesol ou d'huile végétale
- Quartiers de citron vert

- Mélanger tous les ingrédients de la trempette et laisser reposer 1 h pour permettre aux saveurs de se marier.

- Faire tremper les feuilles de vigne dans de l'eau froide 30 min, égoutter et rincer. Faire de nouveau tremper 30 min, puis égoutter.

- Mettre le bœuf haché dans un bol avec les échalotes, le piment, l'ail et la citronnelle. Bien mélanger, ajouter la cassonade, la sauce au poisson et les herbes. Laisser mariner 30 min à température ambiante.

- Étaler les feuilles de vigne sèches sur une surface de travail. Diviser le mélange de viande en 12 portions et farcir chaque feuille de vigne. Rouler et replier les bords, comme pour un rouleau de printemps.

- Transpercer les rouleaux sur la longueur avec une brochette, pour les faire tenir.

- Chauffer une poêle à fond cannelé ou un barbecue. Badigeonner les rouleaux d'huile et les mettre sur le gril. Faire griller 3 à 4 min de chaque côté, jusqu'à ce qu'ils soient cuits et légèrement noircis. Servir avec des quartiers de citron vert et la trempette.

Trempette
- 4 c. à soupe de sauce chili sucrée
- 4 c. à soupe de sauce au poisson (nam pla)
- 3 c. à soupe de jus de citron vert
- 1 gousse d'ail, écrasée

Hachis de bœuf, galettes de pommes de terre, œufs poêlés
et salsa aux fèves noires

En matière de petits déjeuners consistants, les Américains remportent la palme. Ils adorent commencer la journée avec un déjeuner capable de vous rassasier jusqu'au repas du midi. Voici un plat que je prépare lorsqu'un bol de céréales ne suffit pas !

- Préparer la Salsa aux fèves noires (voir p. 120).
- Mélanger les pommes de terre, les jaunes d'œufs et la farine dans un bol. Assaisonner, puis façonner 4 galettes. Laisser refroidir 1 h.
- Réchauffer 1 c. à soupe d'huile dans une poêle à frire antiadhésive, ajouter les galettes et faire dorer 3 à 4 min de chaque côté. Conserver au chaud.
- Chauffer 1 c. à soupe d'huile dans une autre poêle à frire antiadhésive, assaisonner le bœuf et le faire dorer sur toutes les faces. Retirer du feu, ajouter l'avocat et le cheddar, en remuant pour enrober la viande de fromage.

- Dans une autre poêle, faire cuire les œufs au goût avec l'huile restante.
- Disposer une galette de pommes de terre dans chaque assiette et la couvrir de mélange de viande. Ajouter un œuf poêlé et un peu de salsa, puis servir aussitôt.

- Salsa aux fèves noires (voir p. 116)
- 5 c. à soupe d'huile de tournesol
- 420 g (14 oz) de filet mignon, en fines lanières
- ½ avocat, dénoyauté et haché
- 70 g (½ tasse) de cheddar, râpé
- 4 œufs fermiers

Galettes de pommes de terre
- 315 g (1 ½ tasse) de pommes de terre, cuites et écrasées
- 2 jaunes d'œufs
- 1 c. à soupe de farine tout usage
- Sel et poivre noir fraîchement moulu

Nouilles au bœuf épicé, au fenouil
et à la sauce soja indonésienne

Ce plat est une réussite à tout coup. Il a un goût extrêmement relevé et sa préparation ne dure que le temps nécessaire à la cuisson des nouilles.

- 2 c. à soupe de ketjap manis (sauce soja indonésienne)
- 1 c. à soupe d'huile de sésame
- 2 c. à soupe de xérès sec
- 2 c. à café (2 c. à thé) de fécule de maïs
- 2 gousses d'ail, écrasées
- 680 g (1 ½ lb) de bifteck de croupe, émincé
- 480 g (1 lb) de nouilles hokkien
- 2 c. à soupe d'huile de tournesol
- 180 g (3 tasses) de shiitake, en tranches
- 1 poivron rouge, coupé en deux, épépiné et coupé en lanières
- 1 morceau de gingembre frais de 2,5 cm (1 po), émincé
- 1 petit piment vert, émincé
- 1 c. à café (1 c. à thé) de graines de fenouil

- Mélanger le ketjap manis, l'huile de sésame, le xérès, la fécule de maïs et l'ail dans un bol. Ajouter la viande et laisser mariner 10 min. Égoutter le bœuf et réserver la marinade.
- Cuire les nouilles selon les indications inscrites sur l'emballage. Égoutter et réserver.
- Pendant ce temps, chauffer l'huile dans un wok ou une grande poêle à frire et faire revenir le bœuf 2 à 3 min. Égoutter et réserver.

- Remettre le wok sur le feu et faire sauter les shiitake, les poivrons, le gingembre, le piment et les graines de fenouil 2 à 3 min.
- Remettre le bœuf dans le wok, ajouter la marinade et poursuivre la cuisson 1 min. Ajouter les nouilles, remuer et servir.

Hamburgers épicés, roquette et choucroute

*Qu'il s'agisse d'un bifteck grillé ou d'un hamburger, il est important de choisir du bœuf de qualité.
J'utilise ici du bifteck de croupe, mais n'importe quel bon bifteck peut convenir. Ce plat est inspiré du célèbre pastrami
new-yorkais, servi sur du pain de seigle avec une montagne de choucroute plus haute que l'Empire State Building!*

Salade de choucroute

- 720 g (1 ½ lb) de choucroute cuite, égouttée et hachée
- 1 carotte, râpée
- 1 oignon rouge, râpé
- 80 g (⅓ tasse) de mayonnaise
- 2 c. à soupe de ketchup
- ½ c. à café (½ c. à thé) de graines de carvi
- ½ c. à café (½ c. à thé) de moutarde de Dijon

- Dans un grand bol, mélanger le bœuf, les échalotes, la coriandre fraîche, la mélasse, le sucre, la coriandre moulue, le paprika, le piment de Cayenne, le piment de la Jamaïque, saler et poivrer. Réfrigérer 1 h.

- Façonner en 4 galettes de taille égale et badigeonner d'huile d'olive. Chauffer une poêle à fond cannelé ou un barbecue, et faire griller 4 à 5 min de chaque côté.
- Mélanger les ingrédients de la salade dans un grand bol et assaisonner au goût.
- Faire griller les pains. Disposer de la salade de choucroute sur une des moitiés, ajouter une galette de viande, une tranche de tomate et quelques feuilles de roquette. Terminer avec l'autre moitié de pain et servir.

- 600 g (1 ¼ lb) de bifteck de croupe, paré et bien froid
- 2 échalotes, hachées finement
- 2 c. à soupe de coriandre fraîche
- 1 c. à soupe de mélasse
- 1 c. à café (1 c. à thé) de sucre
- 1 c. à café (1 c. à thé) de coriandre moulue
- ½ c. à café (½ c. à thé) de paprika fumé
- ¼ c. à café (¼ c. à thé) de piment de Cayenne
- 1 pincée de piment de la Jamaïque
- Sel et poivre noir fraîchement moulu
- Huile d'olive
- 4 pains à hamburger aux graines de sésame
- 4 tranches de tomate
- 1 poignée de feuilles de roquette

Une marinade est un liquide qui attendrit et aromatise la viande ou le poisson en imprégnant sa chair.
Elle peut être constituée de vin, d'huile, de vinaigre ou de yogourt, et additionnée d'herbes et d'épices.
On peut également utiliser du jus de fruits, notamment le jus de citron, de citron vert,
d'ananas et de papaye. Les marinades ci-dessous sont excellentes pour les biftecks grillés.

MARINADE PIQUANTE À LA MOUTARDE ET AU CITRON

- 4 c. à soupe d'huile végétale
- 2 c. à soupe de vinaigre de vin blanc
- 2 gousses d'ail, écrasées
- 1 c. à café (1 c. à thé) de moutarde de Dijon
- Le jus d'un citron
- Le zeste de ¼ citron

Mélanger tous les ingrédients dans un bol. Faire mariner la viande 4 h ou toute une nuit au réfrigérateur, dans un contenant couvert.

MARINADE AU VIN ROUGE, À L'AIL ET AUX HERBES

- 160 ml (⅔ tasse) de vin rouge
- 2 c. à soupe de vinaigre balsamique
- 2 c. à soupe d'huile d'olive
- 2 gousses d'ail, écrasées
- 1 c. à soupe d'herbes fraîches (romarin, thym, etc.)

Mélanger tous les ingrédients et faire mariner la viande au moins 4 h et au plus 8 h avant la cuisson.

MARINADE AU YOGOURT

- 125 ml (½ tasse) de yogourt grec nature
- Le jus de ½ citron
- 1 c. à soupe de jus de tomate
- 1 c. à café (1 c. à thé) de paprika
- 1 c. à café (1 c. à thé) de cumin
- 1 pincée de sucre
- Sel et poivre noir fraîchement moulu

Mélanger tous les ingrédients dans un bol. Ajouter la viande et faire mariner 30 min avant la cuisson.

MARINADE ÉPICÉE ASIATIQUE

- 4 c. à soupe d'huile d'olive
- 1 c. à soupe de sauce soja
- 1 c. à soupe de sauce au poisson (nam pla)
- Le jus d'un citron
- 1 morceau de gingembre frais de 5 cm (2 po), râpé
- 2 gousses d'ail, écrasées
- ½ c. à café (½ c. à thé) de grains de poivre concassés

Mélanger tous les ingrédients et faire mariner la viande jusqu'à 2 h à température ambiante.

Sauces à badigeonner

Ces sauces servent à badigeonner les biftecks et les rôtis pendant la cuisson, de manière à rehausser leur saveur et emprisonner leurs jus. Leurs ingrédients, qui ont généralement une teneur élevée en sucre, se caramélisent et forment une couche qui adhère à la viande. Un arrosage constant permet d'obtenir plusieurs couches de saveurs caramélisées. On peut acheter des sauces préparées qui donnent d'excellents résultats, telles que la sauce hoisin, la sauce aux prunes, la sauce chili sucrée et diverses sauces barbecue. Vous trouverez ci-dessous mes sauces préférées pour les biftecks et les rôtis.

KETCHUP ET TAMARIN

- 125 ml (½ tasse) de pâte de tamarin
- 2 c. à soupe de sauce au poisson (nam pla)
- 2 c. à soupe de sauce soja
- 2 c. à soupe de vinaigre de vin de riz
- 2 c. à soupe de cassonade ou de sucre roux
- 2 gousses d'ail, écrasées
- ½ c. à café (½ c. à thé) de flocons de chili

Mettre la pâte de tamarin et 4 c. à soupe d'eau dans une casserole et porter à ébullition. Ajouter le reste des ingrédients et cuire 1 min. Laisser refroidir.

GINGEMBRE ET AIL

- 1 morceau de gingembre frais de 5 cm (2 po), râpé
- 6 c. à soupe d'huile d'olive
- 2 gousses d'ail, écrasées
- Sel et poivre noir fraîchement moulu

Mettre le gingembre, l'huile d'olive et l'ail dans un mélangeur. Réduire en pâte et assaisonner au goût.

MOUTARDE ET MIEL

- 4 c. à soupe d'huile d'olive
- 1 c. à soupe de moutarde de Dijon
- 1 c. à soupe de miel
- 1 c. à soupe d'huile de sésame
- 1 morceau de gingembre frais de 2,5 cm (1 po), râpé
- 2 gousses d'ail, écrasées
- Le jus de ¼ citron

Mélanger tous les ingrédients dans un bol et laisser reposer 30 min avant l'utilisation.

SAUCE BARBECUE THAÏLANDAISE

- 125 ml (½ tasse) de lait de coco
- 1 c. à soupe de pâte de cari thaïlandais
- 4 c. à soupe de sauce soja
- 2 c. à soupe d'huile d'olive
- 1 c. à soupe de cassonade ou de sucre roux
- 1 morceau de gingembre frais de 2,5 cm (1 po), râpé
- 1 gousse d'ail, écrasée
- 1 pincée de curcuma

Chauffer le lait de coco et la pâte de cari dans une casserole et faire mijoter 5 min. Laisser refroidir, puis mettre dans un mélangeur avec le reste des ingrédients et réduire en pâte lisse.

SAUCE SOJA ET MISO

- 2 c. à soupe de sauce soja
- 2 c. à soupe de confiture d'abricots
- 2 c. à soupe de cassonade ou de sucre roux
- 1 c. à soupe de pâte de miso blanc
- ½ c. à café (½ c. à thé) de pâte de wasabi

Réduire tous les ingrédients en pâte lisse dans un mélangeur avec 125 ml (½ tasse) d'eau.

En haut : Gingembre et ail
À gauche : Moutarde et miel
À droite : Sauce soja et miso

Les Américains utilisent souvent ces mélanges d'herbes pour enrober les pièces de viande. Ces combinaisons d'herbes séchées et d'épices à saveur intense peuvent très bien remplacer les marinades. Il suffit de mélanger tous les ingrédients avant de les étaler sur la viande juste avant de la faire griller ou rôtir. Cette méthode produit un arôme fumé et forme une croûte à la surface de la viande, ce qui contribue à emprisonner les jus à l'intérieur.

MÉLANGE NORD-AFRICAIN

- 2 c. à café (2 c. à thé) de cumin moulu
- 2 c. à café (2 c. à thé) de coriandre moulue
- ¼ c. à café (¼ c. à thé) de paprika
- 1 c. à café (1 c. à thé) de poudre d'ail
- ¼ c. à café (¼ c. à thé) d'assaisonnement au chili
- 1 pincée de curcuma
- Sel et poivre noir fraîchement moulu

HERBES MÉDITERRANÉENNES

- 1 c. à soupe de cumin moulu
- 1 c. à café (1 c. à thé) de cassonade ou de sucre roux
- ½ c. à café (½ c. à thé) d'estragon séché
- ½ c. à café (½ c. à thé) d'origan séché
- ¼ c. à café (¼ c. à thé) de moutarde sèche
- Sel et poivre noir fraîchement moulu
- Le zeste d'une orange

HERBES ET CHAMPIGNONS

- 2 c. à soupe de bolets séchés, réduits en poudre
- 1 c. à café (1 c. à thé) de thym séché
- ½ c. à café (½ c. à thé) de romarin séché
- ½ c. à café (½ c. à thé) de poudre d'ail

MÉLANGE AU PIMENT DE LA JAMAÏQUE

- 1 c. à soupe de cumin moulu
- 1 c. à café (1 c. à thé) de piment de la Jamaïque
- 1 c. à café (1 c. à thé) de poudre de cari
- 1 c. à café (1 c. à thé) de cannelle
- ½ c. à café (½ c. à thé) de poudre d'ail
- Sel et poivre noir fraîchement moulu

MÉLANGE CUBAIN

- 2 c. à soupe de café légèrement torréfié, moulu finement
- 2 c. à soupe de cassonade ou de sucre roux
- 1 c. à café (1 c. à thé) de sauge séchée
- 1 c. à café (1 c. à thé) de poivre noir fraîchement moulu
- ½ c. à café (½ c. à thé) de poudre d'ail
- Une pincée de cannelle
- Une pincée de gingembre moulu

À gauche : Sauce béarnaise
À droite : Sauce Choron

Selon moi, rien ne surpasse un bon bifteck accompagné d'une sauce béarnaise !

SAUCE BÉARNAISE

La sauce béarnaise est, à mon avis, la sauce à bifteck suprême. Cette sauce classique, servie avec du bœuf grillé ou rôti, est toujours un délice.

- 2 c. à soupe de vinaigre à l'estragon ou de vinaigre de vin blanc
- 2 c. à soupe d'estragon, haché, en réservant les tiges
- 2 échalotes, hachées
- 8 grains de poivre, légèrement concassés
- 4 jaunes d'œufs
- 240 g (1 tasse) de beurre fondu, chaud
- Le jus de ½ citron
- 2 c. à soupe de cerfeuil haché
- Sel et poivre noir fraîchement moulu

- Mettre le vinaigre, les tiges d'estragon, les échalotes et les grains de poivre dans une petite casserole, et faire réduire de moitié à feu doux. Laisser refroidir, puis égoutter dans un bol résistant à la chaleur. Ajouter les jaunes d'œufs et 2 c. à soupe d'eau froide, et incorporer au fouet.

- Mettre le bol au-dessus d'une casserole d'eau frémissante, en s'assurant que le bol ne touche pas l'eau. Battre à l'aide d'un fouet jusqu'à l'obtention d'une texture épaisse et d'une couleur pâle.

- Retirer le bol de la chaleur et mettre sur un linge pour le maintenir en place. Incorporer graduellement le beurre chaud au fouet, en laissant chaque fois le mélange épaissir et émulsionner, jusqu'à ce que la sauce soit épaisse et luisante.

- Incorporer le jus de citron, l'estragon et le cerfeuil, assaisonner et servir.

Variantes

Sauce Choron
Ajouter 1 c. à café (1 c. à thé) de purée de tomates (fraîche, de préférence) à la sauce béarnaise.

Sauce balsamique
Remplacer la moitié du vinaigre par du vinaigre balsamique et ajouter 1 c. à soupe supplémentaire à la sauce en fin de préparation.

Sauce au raifort
Incorporer 2 c. à soupe de sauce au raifort à la sauce béarnaise.

Sauce à la moutarde
Ajouter 1 c. à soupe de moutarde de Dijon à la sauce béarnaise.

Sauce aux olives
Voir p. 14.

Sauces émulsionnées froides

Les sauces à base de mayonnaise, additionnées ou non d'épices et d'aromates, sont excellentes avec le bœuf. Pour de meilleurs résultats, assurez-vous que tous les ingrédients sont à la température ambiante.

MAYONNAISE CLASSIQUE

- 2 jaunes d'œufs
- 1 c. à café (1 c. à thé) de moutarde de Dijon
- 1 c. à café (1 c. à thé) de vinaigre de vin blanc
- Une pincée de sel
- 250 ml (1 tasse) d'huile de tournesol ou de colza (canola)
- 2 c. à café (2 c. à thé) de jus de citron
- Poivre noir fraîchement moulu

- Mettre les jaunes d'œufs, la moutarde, le vinaigre de vin et le sel dans un bol. Verser lentement l'huile, en battant à l'aide d'un fouet sans cesse pour faire épaissir. Lorsque toute l'huile est incorporée, ajouter le jus de citron et assaisonner.

Variantes

Aïoli
Ajouter 2 gousses d'ail écrasées aux jaunes d'œufs et à la moutarde, puis poursuivre avec les autres étapes de la recette.

Aïoli aux tomates séchées
Mettre 60 g (¼ tasse) de tomates séchées dans l'huile, 1 gousse d'ail écrasée et 1 pincée de piment de Cayenne dans un mélangeur. Réduire en pâte, puis incorporer à la mayonnaise.

Sauce au pesto
Ajouter 3 c. à soupe de pesto à la mayonnaise et assaisonner au goût.

Sauce aux herbes et à la moutarde
Ajouter 1 c. à soupe de moutarde de Dijon, 1 c. à café (1 c. à thé) de marjolaine, 1 c. à café (1 c. à thé) de thym et 1 pincée de graines d'anis moulues à la mayonnaise.

Beurres composés à froid

Voici la forme de sauce la plus simple à utiliser pour un cuisinier. Dans les recettes ci-dessous, le beurre parfumé est enveloppé de papier sulfurisé ou de papier d'aluminium, puis congelé jusqu'à utilisation. On peut aussi le réfrigérer si l'on s'en sert dans les jours qui suivent. Il suffit de le couper en tranches pour obtenir une délicieuse sauce à bifteck.

Beurre Maître d'hôtel

BEURRE MAÎTRE D'HÔTEL

- 160 g (⅔ tasse) de beurre non salé, ramolli
- 1 c. à soupe d'estragon, haché
- 1 c. à soupe de ciboulette, hachée
- 1 c. à soupe de cerfeuil, haché
- 1 c. à soupe de persil plat italien, haché
- Sel et poivre noir fraîchement moulu

Mélanger le beurre et les herbes dans un bol, puis assaisonner. Rouler en boudin dans du papier sulfurisé et mettre au frais.

BEURRE D'AIL ET D'HERBES

- 160 g (⅔ tasse) de beurre non salé, ramolli
- 4 gousses d'ail
- 2 c. à soupe d'herbes fraîches (persil plat italien, cerfeuil, ciboulette)
- Le jus de ¼ citron
- Sel et poivre noir fraîchement moulu
- 2 c. à soupe d'huile d'olive

Dans un mélangeur, combiner le beurre, l'ail et les herbes. Transvaser dans un bol, assaisonner et additionner de jus de citron. Incorporer l'huile d'olive en battant jusqu'à l'obtention d'une texture lisse. Rouler en boudin dans du papier sulfurisé et mettre au frais.

BEURRE MARCHAND DE VIN

- 150 ml (⅔ tasse) de vin rouge
- 60 ml (¼ tasse) de bouillon de bœuf
- 1 c. à café (1 c. à thé) de vinaigre de vin rouge
- 2 échalotes, hachées finement
- 1 brin de thym
- 1 c. à soupe de gelée de groseille
- 160 g (⅔ tasse) de beurre non salé, ramolli
- Sel et poivre noir fraîchement moulu
- 2 c. à soupe d'huile d'olive

Mettre le vin rouge, le bouillon, le vinaigre de vin, les échalotes et le thym dans une casserole. Faire bouillir jusqu'à ce que le liquide soit réduit de moitié. Filtrer et ajouter la gelée de groseille, en remuant pour la faire dissoudre. Une fois le mélange refroidi, incorporer au beurre, assaisonner, puis ajouter l'huile d'olive en battant jusqu'à consistance lisse. Rouler en boudin dans du papier sulfurisé et mettre au frais.

BEURRE DE MOUTARDE ET D'ESTRAGON

- 160 g (⅔ tasse) de beurre non salé, ramolli
- 2 c. à soupe d'estragon, haché
- 2 c. à café (2 c. à thé) de moutarde de Dijon

Mélanger tous les ingrédients dans un bol. Rouler en boudin dans du papier sulfurisé et mettre au frais.

BEURRE DE ROQUEFORT

- 160 g (⅔ tasse) de beurre non salé, ramolli
- 60 g (½ tasse) de roquefort, émietté
- 1 c. à café (1 c. à thé) de moutarde de Dijon
- ½ c. à café (½ c. à thé) de cognac
- Sel et poivre noir fraîchement moulu

Mélanger tous les ingrédients dans un bol et battre jusqu'à consistance lisse. Assaisonner, rouler en boudin dans du papier sulfurisé et mettre au frais.

BEURRE D'ANCHOIS ET D'OLIVES

- 160 g (⅔ tasse) de beurre non salé, ramolli
- 15 filets d'anchois, rincés, asséchés et hachés
- 10 olives noires, dénoyautées
- Poivre noir fraîchement moulu
- Le zeste de ¼ citron
- 2 c. à soupe d'huile d'olive

Dans un mélangeur, combiner le beurre, les anchois et les olives jusqu'à consistance lisse. Transvaser dans un bol, assaisonner et ajouter le zeste de citron. Incorporer l'huile en battant jusqu'à l'obtention d'une texture lisse. Rouler en boudin dans du papier sulfurisé et mettre au frais.

BEURRE CAFÉ DE PARIS

- 2 c. à soupe de ketchup
- 1 échalote, hachée finement
- 1 c. à soupe de ciboulette, hachée
- 1 c. à café (1 c. à thé) de moutarde de Dijon
- 1 c. à café (1 c. à thé) d'estragon, haché
- 1 c. à café (1 c. à thé) de cognac
- 1 c. à café (1 c. à thé) de sauce Worcestershire
- ½ c. à café (½ c. à thé) de câpres, hachées
- 2 filets d'anchois
- Une pincée de paprika
- Sel et poivre noir fraîchement moulu
- 160 g (⅔ tasse) de beurre non salé, ramolli

Mettre tous les ingrédients dans un bol, à l'exception du beurre. Laisser reposer 24 h dans un endroit chaud pour que les saveurs se développent. Incorporer au beurre en battant, puis rouler en boudin dans du papier sulfurisé et mettre au frais.

BEURRE DE MONTPELLIER

- 15 g (½ tasse) de feuilles de cresson
- 15 g (½ tasse) de feuilles d'épinard
- 15 g (½ tasse) de cerfeuil
- 160 g (⅔ tasse) de beurre non salé, ramolli
- 2 petits cornichons
- 1 filet d'anchois
- 1 gousse d'ail, écrasée
- 1 c. à café (1 c. à thé) de câpres
- ½ c. à café (½ c. à thé) de moutarde de Dijon
- Le jus de ¼ citron
- 2 c. à soupe d'huile d'olive

Faire blanchir le cresson, les épinards et le cerfeuil dans une petite casserole d'eau bouillante, puis les rafraîchir sous l'eau froide dans une passoire. Presser pour retirer l'eau et assécher sur un linge propre. Mettre tous les ingrédients à l'exception de l'huile dans un mélangeur et réduire en pâte lisse. Retirer du mélangeur, incorporer l'huile en battant, puis rouler en boudin dans du papier sulfurisé et mettre au frais.

BEURRE DE CHAMPIGNONS

- 10 g (½ oz) de bolets séchés
- 160 g (⅔ tasse) de beurre non salé, ramolli
- 2 c. à soupe de ciboulette, hachée
- 1 gousse d'ail, écrasée
- Jus de ½ citron
- Sel et poivre noir fraîchement moulu

Mettre les bolets dans une petite casserole, couvrir avec 160 ml (⅔ tasse) d'eau et porter à ébullition. Réduire la chaleur et laisser mijoter 20 min. Retirer les champignons en réservant le liquide. Remettre le liquide dans la casserole et faire bouillir jusqu'à ce qu'il soit réduit à 2 c. à soupe. Assécher les bolets sur un linge propre et les hacher. Mettre dans un bol, incorporer le beurre, le liquide de cuisson, la ciboulette, l'ail et le citron. Assaisonner, puis rouler en boudin dans du papier sulfurisé et mettre au frais.

BEURRE DE TAPENADE

- 160 g (⅔ tasse) de beurre non salé, ramolli
- 60 g (½ tasse) d'olives noires, dénoyautées et hachées
- 2 c. à soupe d'huile d'olive
- 1 gousse d'ail, écrasée
- 1 petit filet d'anchois, haché
- Poivre noir fraîchement moulu

Mettre le beurre dans un mélangeur avec les autres ingrédients et réduire en pâte lisse. Rouler en boudin dans du papier sulfurisé et mettre au frais.

BEURRE DE CRESSON ET D'AMANDES

- 160 g (⅔ tasse) de beurre non salé, ramolli
- 30 g (1 oz) d'amandes rôties, hachées
- 2 c. à soupe de feuilles de cresson
- 1 gousse d'ail, écrasée
- Jus de ¼ citron
- Sel et poivre noir fraîchement moulu

Mélanger tous les ingrédients dans un bol, puis rouler en boudin dans du papier sulfurisé et mettre au frais.

Sauces pour biftecks

Voici quelques-unes de mes sauces préférées pour accompagner le bœuf. Inspirées des techniques traditionnelles françaises, elles apportent une touche élégante à tout plat de bœuf.

SAUCE CHASSEUR
Donne environ 500 ml (2 tasses)

- 3 c. à soupe de beurre non salé, refroidi et coupé en petits dés
- 2 échalotes, hachées finement
- 100 g (1 ⅔ tasse) de champignons de Paris
- 125 ml (½ tasse) de vin blanc sec
- 1 c. à soupe de vinaigre à l'estragon
- 1 c. à soupe de cognac
- 310 ml (1 ¼ tasse) de Bouillon de bœuf épaissi (voir p. 114)
- 400 g (2 tasses) de tomates en conserve, hachées finement
- 1 c. à soupe de purée de tomates
- 2 c. à soupe d'herbes mélangées (estragon, persil plat italien, etc.)
- Sel et poivre noir fraîchement moulu

Chauffer 1 c. à soupe de beurre dans une casserole, faire revenir les échalotes pour les attendrir. Ajouter les champignons et poursuivre la cuisson 5 min. Verser le vin, le vinaigre et le cognac, et faire bouillir 5 min. Ajouter le bouillon, les tomates et la purée de tomates, et laisser mijoter 10 à 15 min. Ajouter les herbes, retirer du feu et incorporer le beurre restant. Assaisonner et servir.

SAUCE BARBECUE RAPIDE

- 2 c. à soupe d'huile végétale
- 1 oignon, haché finement
- 1 gousse d'ail, écrasée
- Le jus d'un citron
- 100 g (¾ tasse) de cassonade ou de sucre roux
- 4 c. à soupe de vinaigre de vin rouge
- 125 ml (½ tasse) de ketchup
- 1 c. à soupe de sauce Worcestershire
- 2 c. à soupe de sauce chili mexicaine ou ½ c. à café (½ c. à thé) de tabasco
- ½ c. à café (½ c. à thé) de moutarde de Dijon
- Sel et poivre noir fraîchement moulu

Chauffer l'huile dans une poêle à frire et faire revenir les oignons et l'ail 5 min, pour les attendrir et les colorer légèrement. Ajouter le jus de citron, la cassonade, le vinaigre de vin, le ketchup, la sauce Worcestershire, la sauce chili et la moutarde. Laisser mijoter 8 à 10 min pour faire infuser les saveurs. Assaisonner et servir.

SAUCE DIABLE
Donne environ 500 ml (2 tasses)

- 2 c. à soupe de beurre non salé, refroidi et coupé en petits dés
- 2 échalotes, hachées finement
- 12 grains de poivre noir concassés
- 1 brin de thym
- 1 feuille de laurier
- 160 ml (⅔ tasse) de vin blanc sec
- 2 c. à soupe de vinaigre de vin
- 310 ml (1 ¼ tasse) de Bouillon de bœuf épaissi (voir p. 114)
- ½ c. à café (½ c. à thé) de sauce Worcestershire
- Une pincée de piment de Cayenne
- Sel et poivre noir fraîchement moulu

Chauffer 1 c. à soupe de beurre dans une petite casserole, faire revenir les échalotes et les grains de poivre 1 min. Ajouter le thym, la feuille de laurier, le vin et le vinaigre de vin, et faire bouillir pour réduire de moitié. Ajouter le bouillon, la sauce Worcestershire et le piment de Cayenne. Laisser mijoter 10 min et filtrer. Réchauffer, assaisonner et incorporer le beurre restant.

SAUCE ROBERT
Donne 410 ml (1 ⅔ tasse)

- 3 c. à soupe de beurre non salé, refroidi et coupé en petits dés
- 1 petit oignon, haché finement
- 125 ml (½ tasse) de vin blanc sec
- 2 c. à soupe de vinaigre de vin blanc
- 310 ml (1 ¼ tasse) de Bouillon de bœuf épaissi (voir p. 114)
- 3 c. à café (3 c. à thé) de moutarde de Dijon
- Sel et poivre noir fraîchement moulu

Chauffer 1 c. à soupe de beurre dans une petite casserole, faire cuire les oignons à feu doux 8 à 10 min pour les attendrir sans les colorer. Verser le vin et le vinaigre de vin, et faire réduire de moitié. Verser le bouillon, poursuivre la cuisson 15 min, puis filtrer, en pressant pour extraire toute la saveur des oignons. Réchauffer, ajouter la moutarde et le beurre restant, et assaisonner au goût.

Sauce chasseur

SAUCE CHATEAUBRIAND
Donne 410 ml (1 ⅔ tasse)

- 2 c. à soupe de beurre non salé, refroidi et coupé en petits dés
- 2 échalotes, hachées finement
- 75 g (1 ½ tasse) de champignons plats, hachés grossièrement
- 1 brin de thym
- 1 feuille de laurier
- 125 ml (½ tasse) de vin blanc sec
- 310 ml (1 ¼ tasse) de Bouillon de bœuf épaissi (voir p. 114)
- 80 g (⅓ tasse) de Beurre maître d'hôtel (voir p. 110)
- 1 c. à soupe d'estragon, haché
- Sel et poivre noir fraîchement moulu

Chauffer le beurre dans une petite casserole, faire revenir les échalotes et les champignons 5 à 6 min. Ajouter le thym, la feuille de laurier, le vin et poursuivre la cuisson 5 min. Ajouter le bouillon, cuire encore 15 min, puis filtrer. Réchauffer la sauce, ajouter le Beurre maître d'hôtel, l'estragon, saler et poivrer au goût.

SAUCE BORDELAISE
Donne environ 500 ml (2 tasses)

- 3 c. à soupe de beurre non salé, refroidi et coupé en petits dés
- 2 échalotes, hachées finement
- 6 grains de poivre noir concassés
- 1 brin de thym
- 1 feuille de laurier
- 310 ml (1 ¼ tasse) de vin rouge
- 150 ml (⅔ tasse) de Bouillon de bœuf épaissi (voir p. 114)

Chauffer 1 c. à soupe de beurre dans une casserole, ajouter les échalotes, les grains de poivre, le thym et la feuille de laurier. Verser 250 ml (1 tasse) de vin rouge et porter à ébullition. Laisser bouillir jusqu'à ce que le vin soit réduit des deux tiers. Ajouter le bouillon et poursuivre la cuisson 15 min. Filtrer, en pressant pour extraire toute la saveur des échalotes. Porter de nouveau le liquide à ébullition, ajouter le reste du vin, assaisonner et incorporer le beurre restant.

SAUCE AU ROQUEFORT

- 60 g (¼ tasse) de beurre non salé
- 2 échalotes
- 4 c. à soupe de vin blanc sec
- 1 c. à soupe de cognac
- 175 ml (¾ tasse) de Bouillon de bœuf épaissi (voir p. 114)
- 160 ml (⅔ tasse) de crème fraîche épaisse
- 60 g (½ tasse) d'amandes entières émondées
- 80 g (⅔ tasse) de roquefort
- Sel et poivre noir fraîchement moulu

Chauffer 1 c. à soupe de beurre dans une petite casserole et cuire les échalotes 5 min pour les attendrir. Verser le vin, le cognac et porter à ébullition. Ajouter le bouillon et faire bouillir 10 min. Incorporer la crème et laisser mijoter 5 min. Mettre les amandes, le beurre restant, le fromage dans un mélangeur et réduire en pâte lisse. Incorporer à la sauce à l'aide d'un fouet, retirer du feu et filtrer. Assaisonner au goût et servir.

SAUCE MADÈRE
Une sauce classique au goût corsé

- 310 ml (1 ¼ tasse) de Bouillon de bœuf épaissi (voir p. 114)
- 125 ml (½ tasse) de madère
- 2 c. à soupe de beurre non salé, refroidi et coupé en petits dés
- Sel et poivre noir fraîchement moulu

Porter le bouillon et le madère à ébullition et laisser mijoter 10 min. Incorporer le beurre au fouet, assaisonner et servir.

SAUCE GRAND VENEUR
Cette sauce qui accompagne traditionnellement le gibier est aussi excellente avec le bœuf mariné dans du vin rouge.

- 160 ml (⅔ tasse) de vin rouge
- 2 c. à soupe de cognac
- 10 grains de poivre noir concassés
- 2 échalotes, hachées finement
- 175 ml (¾ tasse) de Bouillon de bœuf épaissi (voir p. 114)
- 125 ml (½ tasse) de crème fraîche épaisse
- 2 c. à soupe de gelée de groseille
- 1 c. à soupe de beurre non salé
- 1 c. à café (1 c. à thé) de sauce Worcestershire
- Sel

Mettre le vin, le cognac, le poivre et les échalotes dans une casserole, porter à ébullition et faire réduire de moitié. Ajouter le bouillon et la crème, porter de nouveau à ébullition et laisser mijoter 10 min. Filtrer, puis incorporer la gelée de groseille, le beurre et la sauce Worcestershire à l'aide d'un fouet. Assaisonner et servir.

À gauche : Sauce madère
À droite : Sauce grand veneur

Sauces pour biftecks (suite) et bouillons de bœuf

SAUCE DIJONNAISE

- 4 c. à soupe de vin blanc
- 4 c. à soupe de porto
- 2 petites échalotes, hachées
- 175 ml (¾ tasse) de Bouillon de bœuf épaissi (voir ci-dessous)
- 125 ml (½ tasse) de crème fraîche épaisse
- 2 c. à soupe de beurre non salé
- 2 c. à soupe de moutarde de Dijon
- Sel et poivre noir fraîchement moulu

Mettre le vin, le porto et les échalotes dans une casserole et porter à ébullition. Verser le bouillon et faire bouillir 10 min. Ajouter la crème et laisser mijoter 5 min. Incorporer le beurre au fouet, ajouter la moutarde et assaisonner au goût.

SAUCE AU RAIFORT

- 1 c. à soupe de vinaigre de vin blanc
- Le jus de ¼ citron
- 80 g (⅔ tasse) de chapelure de pain blanc fraîche
- ½ c. à café (½ c. à thé) de moutarde de Dijon
- 125 ml (½ tasse) de crème fraîche épaisse, légèrement fouettée
- ½ c. à soupe de raifort, râpé
- Une pincée de sucre
- Sel et poivre noir fraîchement moulu

Mélanger le vinaigre de vin, le jus de citron, la chapelure et la moutarde dans un bol. Laisser reposer 30 min. Incorporer la crème, le raifort et le sucre. Assaisonner au goût et servir.

SAUCE LYONNAISE

Le bœuf et les oignons se marient à merveille, comme ici, dans cette sauce piquante.

- 3 c. à soupe de beurre non salé, refroidi et coupé en petits dés
- 2 oignons, coupés en deux et émincés
- 160 ml (⅔ tasse) de vin blanc sec
- 125 ml (½ tasse) de vinaigre de vin blanc
- 310 ml (1 ¼ tasse) de Bouillon de bœuf épaissi (voir ci-dessous)
- Sel et poivre noir fraîchement moulu

Chauffer 1 c. à soupe de beurre dans une casserole, faire revenir les oignons jusqu'à ce qu'ils soient tendres et légèrement colorés. Verser le vin, le vinaigre de vin et faire réduire de moitié. Verser le bouillon et laisser mijoter 15 min. Assaisonner, incorporer le beurre restant et servir.

BOUILLON DE BŒUF Donne 2,5 litres (10 tasses)

Comme vous le constaterez en parcourant ce livre, le résultat de chaque recette dépend souvent du bouillon utilisé. Voici une recette simple pour préparer votre propre bouillon de bœuf, qui peut être congelé si nécessaire.

- 2 kg (4 ½ lb) d'os de bœuf, en fragments
- 2 oignons non pelés, coupés en quartiers
- 2 grosses carottes, coupées en quatre
- 1 branche de céleri, hachée
- 4 gousses d'ail, non pelées
- ½ c. à café (½ c. à thé) de purée de tomates
- 1 c. à café (1 c. à thé) de grains de poivre noir
- 2 brins de thym
- 1 feuille de laurier

- Préchauffer le four à 230 °C (450 °F). Étaler les os sur une grande plaque à rôtir et faire dorer au four 1 h 30. Retirer du four et mettre dans une grande casserole ou marmite.

- Disposer les oignons, les carottes, le céleri, l'ail et la purée de tomates sur la plaque à rôtir et mettre au four 40 min, jusqu'à ce que les légumes soient presque noircis, en remuant de temps à autre pour les empêcher de coller.

- Mettre les légumes dans la casserole, ajouter le poivre et les herbes. Couvrir avec 5 litres (20 tasses) d'eau et porter lentement à ébullition, en écumant souvent.

- Laisser mijoter lentement durant 3 h, en ajoutant plus d'eau pour couvrir au besoin et en écumant régulièrement. Filtrer dans une passoire fine et réfrigérer. Avant d'utiliser le bouillon, retirer tout le gras à la surface à l'aide d'une cuillère.

BOUILLON DE BŒUF ÉPAISSI

Ce bouillon constitue la base d'un grand nombre de sauces à bifteck classiques. Il est simple et rapide à préparer.

- 500 ml (2 tasses) de bouillon
- 2 c. à soupe de fécule d'arrow-root ou de pomme de terre
- 125 ml (½ tasse) de madère
- Sel et poivre fraîchement moulu

- Porter le bouillon à ébullition. Mélanger la fécule et le madère, puis incorporer au bouillon à l'aide d'un fouet. Porter de nouveau à ébullition, filtrer et assaisonner au goût.

Les salsas sont d'excellents condiments pour accompagner le bœuf, surtout lorsqu'on désire une préparation simple et rapide. Pour une touche colorée et épicée qui relève la saveur d'un bon bifteck, voici une sélection de mes salsas favorites.

SALSA AUX OIGNONS

Cette salsa est également délicieuse avec des hamburgers.

- 4 oignons verts, hachés grossièrement
- 1 oignon rouge, coupé en gros dés
- 2 échalotes, coupées en deux et émincées
- 1 petit bouquet de ciboulette, taillée en bâtonnets
- 1 gousse d'ail, émincée
- 1 c. à soupe de sirop d'érable
- ⅛ c. à café (⅛ c. à thé) de flocons de chili

Mettre tous les ingrédients dans un bol et laisser mariner à température ambiante 30 min avant l'utilisation. Cette salsa doit être préparée juste avant d'être consommée. On ne peut pas la réfrigérer pour utilisation ultérieure.

SALSA PROVENÇALE

- 60 g (¼ tasse) de tomates semi-séchées dans l'huile
- 4 c. à soupe d'huile d'olive
- 2 c. à soupe d'olives noires, hachées
- 1 c. à soupe de persil plat italien, haché
- 1 c. à soupe de câpres surfines, rincées
- 1 c. à soupe de vinaigre de vin rouge
- 2 gousses d'ail, écrasées
- 1 filet d'anchois, haché
- 1 c. à café (1 c. à thé) de sirop d'érable
- Sel et poivre noir fraîchement moulu

Couper les tomates en deux et les mettre dans un bol avec le reste des ingrédients. Remuer et laisser reposer 30 min. Consommer aussitôt ou réfrigérer jusqu'à utilisation.

SALSA CRÉOLE

- 1 poivron rouge, épépiné et coupé en dés de 1,5 cm (½ po)
- 100 g (⅔ tasse) de mangue fraîche, en dés de 1,5 cm (½ po)
- 1 oignon rouge, en petits dés
- 4 c. à soupe de coriandre, hachée
- 2 c. à soupe de sirop d'érable
- Le jus d'un citron
- Le jus de 2 citrons verts
- Une pincée de flocons de chili
- Sel et poivre noir fraîchement moulu

Mélanger tous les ingrédients dans un bol et laisser reposer 30 min avant de consommer.

Salsas (suite)

SALSA ORIENTALE

- 2 tomates jaunes, en dés de 1,5 cm (1½ po)
- 2 tomates italiennes, en dés de 1,5 cm (½ po)
- 2 échalotes, coupées en deux et émincées
- 2 c. à soupe de vinaigre de vin de riz
- 2 c. à soupe de coriandre, hachée
- 1 morceau de gingembre frais de 1,5 cm (environ ½ po), haché finement
- 1 c. à café (1 c. à thé) de sucre
- 1 c. à café (1 c. à thé) de sauce au poisson (nam pla)
- Sel et poivre noir fraîchement moulu

Mélanger tous les ingrédients dans un bol et laisser reposer 30 min avant l'utilisation.

SALSA AUX PIMENTS

- 4 c. à soupe de vinaigre de vin rouge
- 4 c. à soupe d'huile d'olive extravierge
- Sel et poivre noir fraîchement moulu
- 3 grosses tomates mûres, en dés
- 4 c. à soupe de coriandre, hachée
- 1 petit oignon rouge, coupé en deux et émincé
- 1 piment Serrano, haché finement
- 2 c. à café (2 c. à thé) de purée de piment jalapeno
- 2 c. à café (2 c. à thé) de miel

Battre le vinaigre de vin, l'huile, le sel et le poivre dans un bol. Ajouter le reste des ingrédients et remuer. Laisser reposer 30 min avant l'utilisation.

SALSA À L'AVOCAT ET À L'ORANGE SANGUINE

- 1 avocat, coupé en deux, dénoyauté et coupé en dés
- 2 oranges sanguines
- 1 oignon rouge, haché finement
- 2 oignons verts, en lanières
- Le jus de 2 citrons verts
- Un peu d'estragon et de coriandre, hachés

Dans un bol, mettre l'avocat, les quartiers d'orange, leur jus, les oignons et le jus de citron vert. Ajouter les herbes, mélanger et réfrigérer.

SALSA AUX FÈVES NOIRES

- 2 tomates, blanchies, épépinées et coupées en dés
- ½ poivron rouge, en dés de 0,5 cm (¼ po)
- 110 g (½ tasse) de haricots noirs cuits ou en conserve
- 1 oignon rouge, haché
- 1 petit piment rouge, épépiné et haché finement
- 1 c. à soupe de coriandre, hachée
- ½ c. à soupe de sirop d'érable
- Le jus d'un citron vert

Mélanger les ingrédients dans un bol et laisser reposer 1 h.

RELISH AUX CANNEBERGES ET AUX BETTERAVES

- 225 g (1 tasse) de canneberges surgelées
- 4 c. à soupe de sucre en poudre
- 1 pomme Granny Smith, pelée, évidée et râpée
- 1 c. à café (1 c. à thé) de gingembre confit, haché finement
- 2 c. à soupe de vinaigre de vin blanc
- Le jus et le zeste d'une orange
- 2 grosses betteraves marinées, en quartiers

Mettre tous les ingrédients, sauf les betteraves, dans une casserole avec 160 ml (⅔ tasse) d'eau. Porter à ébullition et laisser mijoter jusqu'à ce que le mélange épaississe. Laisser refroidir et ajouter les betteraves.

Index

Achevé d'imprimer au Canada
sur les presses de Quebecor World Saint-Jean